LE PEINTRE GRAVEUR.

PAR

ADAM BARTSCH.

SECOND VOLUME.

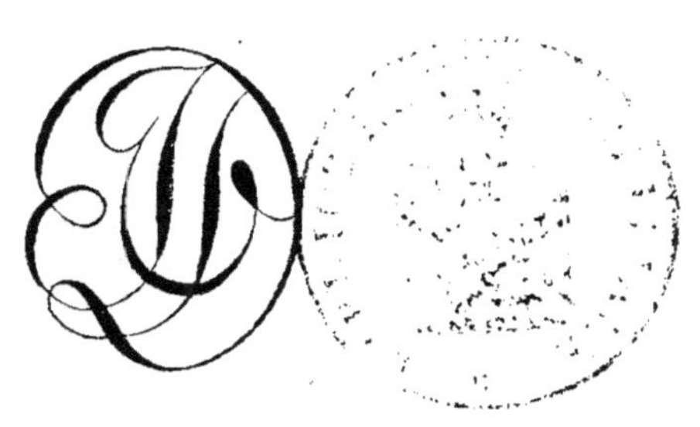

A VIENNE,

DE L'IMPRIMERIE DE J. V. DEGEN,

LIBRAIRE PLACE ST. MICHEL.

1803.

ANT. WATERLO.

Ce catalogue a été publié en Allemand par l'auteur
en 1795. Il en offre aujourd'hui la traduction où il a
rectifié quelques erreurs, et ajouté plusieurs observations
nouvelles.

L'histoire de la vie d'*Antoine Waterlo* est peu connue ; à peine sait on le lieu et l'année de sa naissance. Suivant l'opinion de *Descamps* il vint au monde vers l'an 1618. Les uns le font naître à Amsterdam, les autres à Utrecht. Ce qu'il y a seulement de certain, c'est qu'il vecut nombre d'années dans un lieu situé entre Maarsen et Breukelen, aux environs d'Utrecht. Il mourut pauvre dans l'hôpital d'Hiob près cette dernière ville.

Cet artiste peignit des paysages qui sont aujourd'hui très recherchés, ainsi que les dessins originaux qu'il nous a laissés. Cependant il paroît, que Waterlo doit sa célébrité moins à ses tableaux et dessins qu'à un grand nombre d'estampes qu'il a gravées à l'eau-forte avec une légereté et un esprit rares, sur des dessins qu'il a tous faits d'après nature, à ce que l'on prétend, et qui pour la plus grande partie représentent les environs d'Utrecht.

Les sujets favoris de Waterlo étoient les bois qu'il rendoit en véritable maitre.

On y trouve toute la vérité de la nature, surtout dans le feuillé qu'il faisoit d'une manière admirable. Il a rarement choisi des environs d'une grande étendue : un petit coin de fôret, une partie de ruisseau à bords garnis de verdure, un rocher, un village isolé, situé sur la rive d'un canal, un hermitage, voilà les sujets qu'il a exécutés de préférence.

Le seul defaut que l'on trouve dans plusieurs de ses estampes, c'est qu'il n'y a pas assez soigné le clair-obscur. Les lumières y sont souvent trop nombreuses et trop dispersées. Il étoit peu habile dans l'art de dessiner les figures et les animaux ; aussi se servit il, suivant Houbraken, presque toujours de Weenix ou d'autres artistes, pour faire orner ses tableaux. Il employa rarement les figures dans ses estampes, et celles que l'on y rencontre sont presque autant de preuves de son incapacité dans cette partie.

Considéré comme graveur, Waterlo s'est servi d'une méthode toute particulière, que l'on ne sauroit gueres comparer avec celle de quelque maitre que ce soit. Il laissoit mordre délicatement l'eau-

forte sur ses planches, sans jamais les as-
sujetir une seconde fois à cette opération,
ainsi que Herman Saft-leven et plusieurs
autres artistes l'avoient pratiqué sur plusieurs de leurs planches. Pour garantir ses
fonds contre l'effet de l'eau-forte, il avoit
soin de les couvrir, et obtenoit par ce
moyen la dégradation des plans. Entre
plusieurs exemples propres à prouver ce
procédé de Waterlo, on peut produire
l'estampe Nr. 56., où la grande masse du
bois se dégage parfaitement de l'arbre qui
est à la gauche du devant, et qui est très
creusé par l'eau-forte. Mais ordinairement
il laissoit mordre ses planches dans un dégré général de force, et y ajoutoit ensuite,
avec le burin seul, l'accord des tons, ainsi
que les ombres fortes, partout où elles
lui sembloient nécessaires. Dans la pièce
Nr. 55, par exemple, les buissons qui se
voient au second plan à gauche, de l'autre côté du ruisseau, sont distinctement
dégagés des objets qui se trouvent à la
droite du fond, ainsi que des deux grands
arbres plantés sur le devant; cependant
ces trois divers plans ont été mordus très
foiblement, et tous au même dégré: les

6

dégradations n'ont été effectuées qu'après-coup par un travail de burin plus ou moins abondant.

Waterlo s'est en général beaucoup servi de cet instrument, c'est avec son secours qu'il terminoit non seulement le feuillé, mais encore, et principalement, les troncs de presque tous ses arbres. Souvent il ajoutoit les petites branches avec le burin tout seul. Nous voyons un exemple de ce procédé dans l'estampe Nr. 83. Les petites branches sortant du buisson qui est à gauche, près du marais et près de l'arbre tronqué, n'ont point été gravées à l'eau-forte; c'est purement par le moyen du burin que l'artiste les y a ajoutées. Il en est de même de l'arbre qui dans l'estampe Nr. 116 est sur le devant à droite : Waterlo l'avoit gravé á l'eau-forte, sans feuilles, comme on peut le voir dans une épreuve très singulière qui se trouve à la bibliothèque imp. et roy. Le feuillé, ainsi que quelques petites branches qui se voient dans les épreuves ordinaires de ce morceau, n'ont été ajoutées par Waterlo qu'après-coup, avec le burin tout-seul.

Les planches de notre artiste ayant été délicatement gravées à l'eau-forte, et char-gées de beaucoup de burin, comme on vient de le montrer, il arriva, qu'à mesure qu'elles s'usoient, les traits de l'eau-forte devinrent visiblement plus foibles, tandisque les coups de burin opposant plus de resistance à l'impression, ne diminuèrent point dans la même proportion. Ainsi les tons se confondirent, et l'harmonie fut détruite.

Ces mauvaises épreuves sont communément appellées retouchées, peut-être parcequ'on suppose que les planches dont elles viennent, n'ont point été originairement terminées au burin par Waterlo lui-même, mais que cette espèce de travail y est l'ouvrage de quelque main peu habile dans la gravure, qui aura tenté de remplacer postérieurement les traits que le frottement avoit affoiblis, et presque usés. A la vérité les mêmes coups de burin qui s'allient si bien et d'une manière si pittoresque avec le travail de l'eau-forte dans les bonnes épreuves, reparoissent dans les mauvaises si secs, si lourds, et leur noirceur frappante contraste si mal

8

avec les teintes presque éffacées et grises
de l'eau-forte, qu'on ne peut-être étonné,
si la plus grande partie des amateurs les
regardent comme un griffonnement témé-
raire ajouté après coup par quelque maladroit. Le moyen de dissiper l'erreur en
pareille occasion, c'est de confronter l'é-
preuve supposée retouchée avec une autre épreuve dont la vigueur soit franche :
les mêmes traits et les mêmes hachures se
feront également remarquer dans l'une et
dans l'autre, et l'on se convaincra qu'il
n'y a rien d'ajouté à celle qui est foible ;
on verra clairement que le tems seul en
a détruit l'harmonie.

On n'a qu'un très petit nombre de planches qui aient été éffectivement retouchées au burin postérieurement et par des
mains étrangères, mais ces retouches n'ont
eu lieu que dans les devants couverts d'ombre, rarement dans les troncs d'arbres,
jamais dans le feuillé.

Celles qu'on a essayé de faire revivre,
non par le burin, mais par l'eau-forte,
sont les plus nombreuses. Les amateurs
peu exercés s'y meprennent souvent, et
séduits par leur vigueur, ils croient y re-

connoître cette fraicheur virginale qui caractèrise les bonnes épreuves ; mais elles n'ont gueres plus de valeur que celles dont on vient de parler. Dans tous les endroits où la délicatesse est requise, les traits y sont grossiers et crûs ; il n'y a point de dégradations dans les tons, les lointains sont aussi vigoureux que les devants, et le tout ensemble n'offre qu'un assemblage de masses noires et monotones, opposées à des clairs tranchans, dépourvu de ces douces demi-teintes et de ces coups d'un noir vif, qui produisent l'effet brillant si justement admiré dans les bonnes épreuves.

De quelque manière que les planches aient été retouchées, et autant qu'il nous a été possible d'en avoir connoissance, nous n'avons pas manqué d'en faire mention dans ce catalogue.

L'oeuvre de Waterlo, au complet, est composé de cent trente six estampes. La description que nous en avons donnée, est divisée en deux classes, dont la première contient les pièces en largeur, la seconde celles en hauteur. Les estampes de chaque classe sont rangées suivant leurs proportions en commençant par les plus petites.

Pour faciliter l'usage de ce catalogue, on a joint à la fin deux différentes tables dont la première offre les dénominations que l'on a données à chaque pièce, rangées par ordre alphabétique, la seconde, un apperçu des différens formats des estampes, classé suivant l'ordre que l'on a observé dans le catalogue même.

OEUVRE
D'ANTOINE WATERLO.

PIÈCES EN LARGEUR.

1. *Les deux paysans dans l'allée.*

Vue d'un bois. On voit au milieu de ce morceau, sur le deuxième plan, une partie d'arbres qui se tirent en largeur vers la droite du fond. Sur le troisième plan, à gauche, un autre groupe d'arbres forme avec les premiers une espèce d'allée, au bout de laquelle on apperçoit une haie, et derrière elle, des buissons. Deux paysans marchent dans l'allée, à côté l'un de l'autre. Sur le devant à droite, deux sapins s'élèvent jusqu'au bord supérieur de la planche. Au haut de la gauche est écrit : *A. W. ex*.

Largeur : 3 pouces, 7 lignes. Hauteur : 3 pouces.

2. *Le bâtiment ruiné.*

Ce morceau représente un bâtiment ruiné qui remplit la planche dans toute sa largeur. Le milieu de cette ruine est percé d'une voûte, au travers de laquelle on apperçoit, dans le lointain, une partie d'aqueduc orné d'un petit arbre. Il ne reste de la partie supérieure de l'édifice qu'un morceau de mur qui s'élève audessus de la voûte, et qui est, ainsi que toute la ligne, couvert d'herbes parasites. Le devant à gauche est garni de buissons touffus, et à droite on apperçoit une mare bordée de joncs. On lit au haut de la gauche : *A. W. ex.*

Largeur : 3 pouces, 9 lign. Hauteur : 3 pouces, 3 lignes.

Les épreuves où se trouve le Nr. 7 au coin droit du haut de la planche, sont foibles et mauvaises.

3 - 6. SUITE DE QUATRE ESTAMPES.

3. *Le rocher percé.*

1) On a représenté dans cette estampe un rocher qui s'étend du bord droit vers le gauche, sur plus des deux tiers de la planche. Il est coëffé de buissons et d'ar-

bres, et percé en forme d'une grande voûte qui offre la vue d'un petit lointain. A l'entrée de cette voûte, à droite, est assis à terre un voyageur portant un paquet sur le dos. On lit à la gauche du haut: A. W. F.

Largeur: 4 pouces, 4 lign. Hauteur : 3 pouces, 9 lignes.

4. *L'hermitage.*

2) Au pied d'un grand rocher qui s'élève à la gauche de l'estampe, et que des arbres et buissons garnissent par intervalle, on voit une petite maison qui semble représenter un hermitage. Sur le devant vers la gauche deux arbres plantés très près l'un de l'autre, et s'inclinant vers la droite, s'élèvent jusqu'au bord supérieur de la planche. Le pays vers le devant de la droite est composé de plusieurs élevations dont les deux plus avancées forment une espèce de chemin creux, dans lequel un homme portant sur le dos un paquet suspendu à un bâton qu'il tient sur l'épaule, dirige ses pas vers la petite maison. On voit dans le fond deux rangs d'arbres placés presqu'en largeur, mais à différentes distances, et derrière eux

s'élève une montagne douce. On lit au haut de la gauche : A. W. F.

Largeur : 4 pouces, 5 lign. Hauteur : 3 pouces, 9 lignes.

5. *La petite cascade.*

3) On voit dans ce morceau plusieurs quartiers de rochers qui s'étendent depuis le bord droit jusqu'au milieu de la planche. Ils sont couverts de buissons, et ornés au haut de quelques arbres. A la gauche de l'estampe est une petite colline, pareillement ornée d'arbres et de buissons, qui vient se joindre avec les rochers en se prolongeant vers la droite du fond. Une petite cascade qui tombe dans une espéce de bassin naturel, forme le devant. Entre les rochers et la colline on voit une digue, et au delà, des buissons au pied·d'une grande montagne qui va en montant de la gauche vers la droite. On apperçoit une autre montagne dans le lointain à gauche. De ce coté est écrit : A. W. f.

Largeur : 4 pouces, 5 lign. Hauteur : 3 pouces, 10 lign.

6. *Le petit pont de bois tortueux.*

4) On voit sur la droite de l'estampe

un rocher escarpé, peu garni de verdure, et divisé, par le haut, en deux cîmes. A une petite distance, vers le devant, est une colline où s'appuye un petit pont de bois qui se dirige en demi-cercle vers un autre que l'on découvre dans le rocher à la droite de l'estampe. Sur cette même colline un homme fait marcher un petit troupeau vers le pont. Le devant qui est entièrement couvert d'une ombre noire, est formé par un terrain inégal qui s'incline doucement vers la droite. On y voit deux groupes d'arbres, au milieu desquels se montrent deux figures. On lit au haut de la gauche : A. W. *f.*

Largeur: 4 pouces, 5 lign. Hauteur: 3 pouces, 9 lignes.

On a de ces quatre estampes des épreuves qui sont numérotées et dont la troisième est marquée de l'adresse de *R. et I. Ottens ;* mais elles sont mauvaises.

7 - 18. SUITE DE DOUZE ESTAMPES.

Largeur : 5 pouces, à 5 pouces, 2 lignes. Hauteur : 3 pouces, 3 à 5 lignes.

Note. *Quelque marchand qui a publié ces estampes, après les avoir fait retoucher à l'eau-forte, changea les anciens numéros de trois planches :*

Le chiffre 9 sur Nr. 15 a été changé en 3.

10 sur Nr. 16 en 4.

et 12 sur Nr. 18 en 2.

Dans tous ces morceaux les ciels ne paroissent que par parties ; et dans quelques uns ils sont totalement éffacés, parceque les planches trop fatiguées de l'impression se refusoient à une nouvelle opération de l'eau-forte.

7. *Le retour du pêcheur.*

1) Cette estampe représente un village situé au bord d'une rivière qui s'étend sur toute la largeur de la planche, et dont le rivage, qui se tire vers la droite du fond, en occupé plus que les cinq sixièmes. On voit sur ce rivage un mur haut et large, au haut duquel un échaffaudage, et au bas, une grande porte sont pratiqués. Plus loin est une assez grande maison à deux cheminées, avec un corps saillant qui est plus bas, et contre lequel une hutte plus basse encore est adossée. Derrière cette maison plusieurs arbres s'élèvent au dessus du toit. Après un intervalle, et dans un petit éloignement, se voit une chaumière à découvert et gar-

nie d'arbres d'un seul côté. Près d'elle, à la pointe du rivage, se présente un groupe de quatre arbres. On apperçoit dans le lointain à droite une église avec un grand clocher entre une autre église encore plus éloignée et un moulin à vent. Le long du mur, et devant la maison, un homme dans un petit bâteau se dirige vers le rivage. Au bas de la gauche, hors du bord de l'estampe, est écrit: *Antoni Waterlo fecit et excudit.*

8. *L'arrivée des voyageurs à l'auberge.*

2) Au milieu de ce morceau est une auberge couverte de chaume, au bord d'un grand chemin qui se tire depuis le lointain à gauche jusqu'à la droite du devant. En avant de cette auberge, vers le spectateur et le bord droit de la planche, s'élèvent deux gros arbres aux deux côtés d'une barrière qui ferme l'entrée d'un verger entouré d'une haie. Sur le grand chemin, un chariot attelé de deux chevaux et rempli de cinq voyageurs, y compris le conducteur, s'arrête devant la porte de l'auberge où deux hommes sont assis sur un banc. A la gauche, et près du chariot,

un autre homme ayant un bâton à la main et un paquet sur le dos, semble demander l'aumône aux voyageurs, en s'appuyant de la main droite sur l'épaule d'un jeune garçon qui est debout devant lui. Le lointain offre la vue d'un village.

9. *Le puits.*

3) On voit dans ce morceau une place forte, entourée de murs et située sur le bord d'une rivière qui occupe tout le devant. Les murs s'étendent depuis le bord droit jusques sur deux tiers de la planche, en fuyant dans le lointain. Tout en avant, à droite, on remarque une tour ronde qui ne depasse le mur que de très peu. Elle est contigue à une maison, près de la porte de laquelle un petit arbre est planté, et celle-ci l'est à un très long mur coupé par une grande porte en arcade, et garni à son extrêmité d'une tour terminée en pointe. Vis-à-vis de la porte de la maison, sur le rivage, est un puits dont le grand lévier se balance dans une solive fourchue. A un des bouts de ce lévier est attachée une barre, par le moyen de laquelle on attire l'eau jusqu'à un échaffaudage d'où elle

coule dans la maison par un canal aboutissant à une fenêtre. On voit sur l'échaffaudage un homme qui semble etre occupé à verser l'eau puisée dans le canal. Sous lui, et contre une échelle, deux hommes debout causent ensemble. On apperçoit une autre figure sous la grande porte au milieu du mur, et vis-à-vis cette porte, près du rivage, un bâteau avec un pêcheur. A gauche, vers le devant, des canards se promènent sur l'eau. Le fond offre dans un très grand éloignement la vue d'une ville située au bord de la rivière.

10. *Le village au moulin à eau.*

4) Sur la droite de cette estampe est un moulin à eau couvert de chaume. On y voit plusieurs pigeons qui volent ou se reposent sur des bàtons apposés de différentes manières. La roue du moulin est vers le devant. Elle est surmontée d'une grande goutière, d'où l'eau tombe dans le ruisseau. Celui-ci coule dans un canal jusqu'au coin gauche de l'estampe, où l'on voit une butte. A droite, près du bord de la planche, un homme debout au haut d'un monticule se panche sur la

goutière. A un des coins du moulin une femme ayant un paquet sur le dos, est assise à terre sous un arbre. Elle semble parler à un homme et à une femme qui passent devant elle en deux directions opposées. En continuant du moulin, vers le fond, une petite élevation garnie d'arbres et d'une haie qui les renferme, se prolonge jusqu'à une auberge, devant laquelle est arrêtée une coche avec quelques voyageurs.

11. *L'église du village.*

5) Sur le deuxième plan de ce morceau est une église dont la façade se présente au spectateur; derrière elle une aîle avançant jusqu'à la moitié de l'estampe, forme avec le toit de l'église un angle que surmonte un petit clocher. Au coin de la façade, vers le milieu de l'estampe, est une petite maison, et devant elle, une hutte, derrière laquelle s'élève un arbre. On voit, un peu plus vers la gauche, le mur d'un cimetière qui se tire vers le fond et dont la porte est en face. A l'extrémité de ce mur, vers le lointain, est appuyée une petite maison, près de laquelle s'é

lève un arbre. A la gauche de l'estampe
est une rivière. On y voit un bâteau avec
deux bateliers. Sur le devant à droite,
une paysanne tenant un bâton à la main,
et ayant un panier à côté d'elle, est assise
à terre au coin d'une haie délabrée.

12. *La tour carrée près de l'eau.*

6) On voit dans ce paysage une rivière
qui remplit tout le devant de l'estampe.
Un de ses bords commençant à droite,
fuit vers le fond à gauche jusqu'aux trois
quarts de la planche. Tout au devant, un
mur, en partie delabré, s'étend jusqu'à
une grande tour carrée qui s'avance sur
l'eau. On voit aux pans de cette tour, dont
les deux plus élevés sont dentelés, plusieurs fenêtres qui n'ont ni proportion,
ni symétrie. Plus loin une partie du rivage est ornée d'arbres et de buissons ;
il est terminé par une tour ronde couverte d'un toit pointu. Au pied de cette
tour on voit un bâteau avec deux hommes ;
un autre, pareillement avec deux hommes,
paroît plus en avant vers la grande tour,
et un troisième, où il n'y a qu'une nasse,
est attaché au mur du devant.

13. *Les trois pêcheurs à la ligne sur le*
petit pont.

7) On voit dans ce paysage, presqu'au milieu de l'estampe, un petit pont traversant un canal qui se dirige en largeur vers la droite jusqu'au coin de la planche, et de là serpente dans le lointain. Au milieu du pont est assis un homme pêchant à la ligne : un autre, occupé de même, est debout à sa gauche, et derrière eux un troisiéme, vu par le dos, qui porte sa ligne sur l'épaule gauche, et tient une corde ou un bâton de sa main droite. Son chien est près de lui. Le bord du canal est partout garni d'arbres, au travers desquels on découvre quelques chaumières. On apperçoit un clocher dans le lointain. Sur le devant à gauche se fait remarquer un bouquet de trois arbres au delà d'une barrière.

14. *Les quatre paysans sur l'élevation*
de terre.

8) Sur le deuxiéme plan de ce morceau, un peu vers la droite, s'élève une colline ronde, de la forme d'un fortin, construit de terre, et entouré de claies.

On y arrive par un chemin assez large qui s'étend en avant jusqu'au bord de la planche. Au haut de cette colline, vers le milieu de l'estampe, est un groupe de trois hommes dont l'un vu par le dos et assis par terre, parle aux deux autres qui sont debout devant lui. Une quatrième figure, un peu plus à gauche, hors de la claie sur laquelle il se penche, fait signe en étendant sa main droite derrière lui. Au delà de ces figures, hors des claies, sont quelques arbres. A la gauche de l'estampe est un pays plat, divisé au deuxième plan par une haie placée en travers. Le lointain offre la vue d'un hameau garni de beaucoup d'arbres.

15. *Le chariot sur le chemin de Schévelingue.*

9) Ce morceau semble représenter le rivage de la mer à Schévelingue près de la Haye. Le devant consiste en un côteau qui s'incline du bord droit, où il est le plus élevé, vers la gauche jusqu'au coin de la planche. On voit au milieu de ce côteau un chariot rempli de monde et traîné par deux chevaux. Il est précédé

d'un homme à cheval, et devant celui-
ci marche un paysan accompagné d'une
femme et d'un enfant. Le rivage fuit vers
la gauche dans le lointain, où l'on remarque le village de Schévelingue, et
parmi ses maisons un clocher considérable, terminé en pointe. Quelques bâteaux
dont plusieurs figures venant du bord s'approchent à gué, sont dans la mer à la
gauche de l'estampe.

16. *L'échelle conduisant à l'eau.*

10) Toute la largeur de cette estampe
est occupée par une rivière, dont le rivage s'étend depuis le bord droit jusques
sur trois quarts de la planche, en fuyant
vers le fond. Le premier objet sur le devant est un mur, d'où un escalier de bois
conduit à l'eau, à côté d'un soutien saillant en maçonnerie. On voit au haut deux
hommes dont l'un roule un tonneau, et
le second en cercle un autre. Un troisième
s'appuye sur le mur, au bas duquel un
pêcheur est occupé dans la barque à ar-
ranger ses nasses. La suite de ce mur
donne naissance à une tour éxagone qui
précéde une maison élevée. Plus loin on

apperçoit sur le rivage quelques matelots occupés à charger un bâteau à voiles entouré de petites barques. Le lointain à gauche offre la vue d'un village, et un bâteau allant à voile.

17. *Le bélier, le mouton et le bouc.*

11) Sur le devant de ce morceau, un peu vers la droite, repose un bélier vu de face ; à côté de lui, vers la gauche, est debout un mouton tournant le dos. Derrière le bélier, dans un creux, et près d'un tronc d'arbre, se montre la tête d'un jeune bouc dirigé vers la droite. A la gauche du bas, près du bord de la planche, est la lettre B, et plus bas encore, la lettre *f.*, ce qui fait croire que ce morceau n'a pas été gravé par Waterlo, mais par un autre artiste, dont le nom doit commencer par B. En effet ces trois animaux sont trop bien dessinés, pour être attribués à Waterlo qui étoit très foible dans cette partie. Il est vraisemblable que la lettre B désigné le nom de *Marc de Bye*, de la pointe duquel cette estampe approche le plus.

18. *Les deux tours pointues.*

12) Ce morceau représente un petit fort situé sur le bord d'une large rivière. Il s'étend depuis le bord gauche jusqu'à la moitié de la planche, en tirant vers le fond. Tout au devant est une petite hauteur, sur laquelle s'élèvent deux tours exagones, couvertes de toits pointues, et placées l'une à côté de l'autre. Derrière celle des tours qui est la moins haute et la plus avancée vers le spectateur, est le mur et la porte d'une cour dans laquelle on apperçoit des arbres. Ce mur s'étend en largeur jusqu'au bord gauche de l'estampe. Contre cette même tour, du côté de la rivière, est appuyée une maison dont le devant est baigné par l'eau, et à côté de laquelle un escalier de cinq dégrés conduit à l'eau. Sur la ligne de cette maison suit un rempart garni au haut d'un gardefou, où l'on apperçoit deux hommes. La continuation du mur va jusqu'à une guérite qui le termine. Plus loin se voient quatre bâteaux avec voiles, au delà desquels on retrouve la suite du rivage, qui se perd vers la droite dans le fond, où l'on distingue un moulin à vent, et les

tours d'une ville. Tout-à-fait en avant du côté droit quelques bâtons sortent de l'eau, et à gauche on voit deux hommes dans une nacelle.

19. *L'entrée du bois.*

Sur la gauche de ce morceau est une petite hauteur qui s'incline vers la droite jusqu'au delà de la moitié de la planche. Cette hauteur, garnie de gazon vers le devant, est l'entrée d'un bois qui s'étend vers la droite jusqu'au milieu de l'estampe. Du côté droit est une vallée remplie d'arbres au dessus desquels on apperçoit un village. Ce lointain est mal et foiblement exprimé, l'eau-forte ayant manqué. L'estampe en général n'est pas gravée dans ce beau goût qui se fait remarquer dans les autres pièces de Waterlo. Elle paroît être un de ses premiers essais, en supposant qu'elle soit de lui, ce que l'on a tout sujet de mettre en doute.

On a de ce morceau des épreuves modernes imprimées sur du gros papier blanc, dans lesquelles on trouve, dans le coin droit du haut, le Nr. 12. ajouté postérieurement.

20. *L'écluse.*

Ce paysage est généralement couvert des ombres du soir, et les objets du devant y sont particulièrement très difficiles à distinguer. On voit à la gauche une maison haute, construite de charpente, où l'on ne remarque ni porte ni fenêtres. Elle est suivie d'une haie, au dessus de laquelle s'élèvent des arbres dont le principal et le plus avancé est entièrement sec. A droite est l'écluse d'un moulin à eau. Au milieu, un canal serpente dans un lointain composé de plusieurs maisons en largeur et de trois moulins à vent. L'horizon est clair. On lit au haut de la gauche : *A. W. ex.*

Largeur : 5 pouces, 3 lign. Hauteur: 3 pouces, 5 lignes.

21 - 32. SUITE DE DOUZE ESTAMPES.

Hauteur: 5 pouces, 2 à 5 lignes. Largeur: 3 pouces, 5 à 7 lignes.

Note. Ces estampes sont marquées au haut de la gauche depuis a jusqu'à m.

Dans les mauvaises épreuves tirées des planches usées, la lettre *a* du Nr. 21. a été effacée, et remplacée par: *Tom. II.* A droite let mots *et ex.* ont été pareillement éffacés et remplacés par : *Pag.* 259. Dans l'estampe Nr. 29 on lit les mots : *A. Waterlo fe.* ajoutés dans un caractère plus moderne prés de la lettre *i.* Dans Nr. 30. les ombres du devant ont été couvertes d'une hachure de traits de burin aussi nets que froids.

Plus tard encore ces douze planches ont été entièrement retouchées à l'eau-forte, excepté les ciels qui étoient déjà trop effacés pour éprouver l'effet de cette seconde opération. Aussi les voit on seulement en partie, ou presque point.

21. *Les planches de bois attachées aux quatre arbres.*

1) Sur le devant à gauche s'élèvent deux grands arbres dont les cîmes atteignent le bord supérieur de la planche. A une petite distance sont deux gros troncs de saule garnis seulement au haut de quelques branches. Entre ces quatre arbres est une haie faite de quatre planches attachées en largeur à deux palis. Plus loin est un petit pont de bois qui aboutit au milieu de l'estampe, en traversant un canal qui s'étend vers la droite et se di-

rige dans le plus grand éloignement. Au bout de ce pont est une perche portant un écriteau, près de laquelle passe un homme ayant son bàton sur l'épaule. Au delà du pont, une chaumière se fait remarquer au milieu d'un grand nombre d'arbres dont tout le pays, jusqu'à l'eau, est richement orné. Le fond enfin offre la vue d'un bàteau allant à voile, un clocher et deux moulins à vent. Au haut, vers la droite, est écrit: *Antoni Waterlo fe. et ex.*

22. *Le cimetière au bord de l'eau.*

2) Ce morceau représente un canal qui remplit toute la largeur du bas de l'estampe. Le rivage à gauche s'étend vers la droite jusqu'au delà de la moitiè de la planche, en fuyant vers le fond. On y voit une maison à un étage, et prés d'elle, une église avec un petit clocher partant du milieu du toit. Ces deux bàtimens sont entourés d'un long mur qui forme un angle à gauche sur le devant. A une petite distance sont deux figures dont l'une debout. A l'endroit où le mur finit, on remarque une grande porte, à chaque côté de laquelle s'élèvent deux grands arbres.

Vis-à-vis de celui de ces quatre arbres qui est le plus éloigné, un homme vu par le dos est monté sur un cheval attelé à une barque qu'il fait aller sur le canal, par le moyen d'une longue corde. Il y a cinq personnes dont les unes sont debout, les autres assises. Derrière l'homme à cheval marche un paysan accompagné d'un enfant. Le canal serpente dans le lointain, tant à gauche où l'on voit un petit village, qu'à droite où l'on apperçoit deux moulins à vent et un bâteau à voile qui se dirige vers eux.

23. *La chaumière au haut de la colline.*

3) Sur la droite de cette estampe est une colline dont la pente s'incline doucement vers le coin de la gauche. A son sommet est une chaumière, de laquelle une haie de planches s'étend vers la gauche jusqu'au delà du milieu de l'estampe. En dedans de cette haie, près de la chaumière, s'élève un grand arbre. Deux autres grands arbres sont plus bas, à l'entrée de la haie qui ouvre un chemin vers la chaumière. Un peu plus vers la gauche, près de cette entrée, est encore une par-

tie de haie, au bout de laquelle est planté un arbre rabougri et peu branchu. Des deux côtés de cet arbre on voit, au deuxième plan, un pré qui, dans le lointain, est pareillement bordé d'un haie placée en largeur. On découvre à la porte de cette haie qui est très près du bord gauche de l'estampe, deux hommes sur un chemin qui conduit en droiture sur le devant, et qui paroìt venir regagner l'ouverture de la haie. On voit dans le fond, vers le milieu de l'estampe, une maison entourée d'arbres, et à gauche, dans le plus grand éloignement, une montagne douce. Au haut de la colline, devant la chaumière, sont cinq figures dont deux debout. Quelques autres encore paroissent s'en approcher. On remarque parmi les premières particulièrement un paysan debout, ayant un paquet sur le dos, et accompagné d'un chien.

24. *Le clocher pointu du village au bord de la mer.*

4) Ce morceau représente un village situé sur le bord de la mer, lequel se tire depuis le côté gauche jusqu'à la droite

vers le lointain. Du milieu des maisons s'élève une église avec une haute tour terminée en aiguille. L'église, sur le toit de laquelle on voit une cicogne, est entourée d'un mur qui renferme une plantation de plusieurs arbres très apparans. A quelque distance de ce mur, sur le rivage, s'entretiennent deux moines dont l'un est debout, l'autre assis. Le rivage est très raboteux et en partie revêtu de palis, près desquels on voit, sur l'eau, une nacelle avec deux hommes. Tout-à-fait sur le devant est une échelle descendant à une espèce de digue en bois, sur laquelle une femme à genoux est occupée à laver du linge. La mer qui paroît un peu agitée, fuit à droite dans le lointain, où se présentent deux bâteaux qui vont à voiles déployées. On y apperçoit une pluie tombant obliquement, comme poussée par le vent.

25. *Le départ des deux pêcheurs.*

5) Un village situé sur le bord de l'eau. Il se tire du côté gauche vers la droite, et remplit plus que les deux tiers de la planche. Une haute maison du côté de l'eau, et surmontée de trois cheminées

dont l'une est au milieu, les deux autres
aux deux extrémités du toit, s'élève du
milieu d'un mur dont la partie qui s'é-
tend en avant jusqu'au bord gauche de
l'estampe, est délabrée. Il y a une porte
de laquelle on descend à l'eau par quelques dégrés. Tout près de ce petit escalier, deux pêcheurs partent dans une nacelle où sont leurs nasses. Au haut du
mur sont trois hommes qui regardent en
bas. L'autre partie du mur se tire depuis
la maison vers le fond jusqu'à une tour
demi-ronde, couverte d'un toit. Dans ce
mur, tout près de la maison, est une autre porte, de laquelle on avance sur une
jettée en bois, où se voient deux hommes
dont l'un est debout, et l'autre, qui paroît pêcher à la ligne, assis. Plus loin,
vers la tour, un petit bâteau avec deux
figures se présente dans l'eau. Celle-ci s'é-
tend, au devant, sur toute la largeur de
la planche, et se perd à droite dans le
lointain où l'on apperçoit, au bord, un
village orné de beaucoup d'arbres, et une
église avec un clocher terminé en pointe.
Sur le devant, à droite, une perche s'élève
du milieu d'une touffe de roseaux.

26. *Les deux vaches dans le bac.*

6) On voit à gauche, sur une rivière qui occupe toute la largeur de l'estampe, un bac dans lequel un batelier fait passer trois hommes et deux vaches. La terrasse du devant à droite se prolonge jusqu'au milieu de l'estampe, et est couverte d'herbes et de gazons sauvages. Le bord au delà remplit plus des trois quarts de la planche, et partant du côté droit, fuit dans le lointain à gauche. Du milieu s'élève un château garni de tours. En tirant vers la gauche, il y a, à commencer du château, un petit bois qui s'étend jusqu'à la pointe du rivage, près de la quelle paroît dans l'eau un bâteau à voiles, et, dans le plus grand éloignement, un village orné d'une église et de beaucoup d'arbres. Presqu'au milieu de l'estampe on apperçoit une nacelle avec deux figures. Un groupe de quatre à cinq grands arbres est près du chateau, à la droite de l'estampe ; et plus pres encore du bord droit de la planche se voit une grange surmontée d'un toit pointu.

27. *Le voyageur passant à côté de deux grands arbres.*

7) Sur la terrasse du devant qui s'étend du bord droit de l'estampe jusqu'au milieu, s'avance un homme portant sur le dos un paquet attaché à un bâton, et dirigeant ses pas vers la gauche. A quelque distance, tout en avant, deux arbres, l'un près de l'autre, s'élèvent jusqu'au bord supérieur de la planche. De la terrasse du devant un chemin conduit à une petite hauteur que l'on voit au deuxième plan, vers le milieu du morceau. Elle est surmontée d'une petite maison de pêcheur entourée d'arbres; on apperçoit devant la porte quatre figures dont une est couchée à terre. A gauche, près de la maison, on voit arriver un chariot attelé de deux chevaux, à côté duquel passe un homme à cheval. De ce même côté le lointain offre la vue de la mer, avec quatre vaisseaux allant à voiles, et plus en avant, une nacelle avec deux figures. L'eau se repand jusqu'au bord inférieur de la planche, où l'on voit une autre nacelle dans une petite baie, vers le milieu de l'estampe. Dans cette nacelle

sont deux hommes dont l'un remue une
grande nasse. Le lointain à droite présente la vue d'une ville avec plusieurs clo-
chers et quelques moulins à vent.

28. *Le troupeau et l'homme à cheval sur le pont.*

8) Au milieu de cette estampe est un
petit pays entouré d'eau. On y apperçoit
deux chaumières au milieu d'un grand
nombre d'arbres et d'arbrisseaux. On y
parvient par une large digue qui se tire
jusqu'au bord droit de l'estampe. Au milieu de cette digue est un pont, sous lequel passe de l'eau qui se repand en avant
sur soute la largeur de la planche. Sur le
pont un homme à cheval fait marcher devant lui quelques moutons et deux vaches,
en se dirigeant vers les maisons. A gauche
l'eau se perd dans le plus grand éloignement, où l'on apperçoit un village orné
d'arbres.

29. *Le petit hameau.*

9) Ce morceau représente la rue d'un
hameau qui se tire du côté droit vers le
fond de la gauche. Les chaumières du se-

cond plan sont basses et garnies d'arbres. Celle qui est la plus considérable, et dont le toit avance sur une étable qui lui est adossée, fait le coin d'une autre rue qui se dirige vers le côté droit. Le coin opposé est une hutte chétive que l'on voit en partie sur le devant à droite. Près d'elle un homme avec un long bâton sur l'épaule est assis par terre. Le terrain devant toutes ces maisons est très raboteux. Au bout du hameau, à gauche, on voit un homme à cheval, et près de lui, un garçon et un chien.

30. *Les trois paysans sur la butte hors du hameau.*

10) Sur la droite de cette estampe, au troisième plan, sont en largeur trois à quatre chaumières, derrière lesquelles s'élèvent différens arbres. Devant les chaumières, sur le deuxième plan, une haie faite de planches se tire en largeur sur toute l'estampe. En dehors, vers le spectateur, et presqu'au milieu du morceau, s'élève un arbre isolé et assez grand, près duquel on apperçoit un chemin qui conduit de l'ouverture de la haie tout droit

en avant jusqu'au bord inférieur de la planche. Au bord de ce chemin, à gauche, sur une butte, trois paysans dont deux sont assis, conversent ensemble. Celui qui est debout, porte sur le dos un paquet attaché à un bâton. Au delà de ces figures le lointain présente la vue d'une ville. Le devant à droite est formé par une butte couverte d'une ombre noire.

31. *La guérite au haut du mur.*

11) Ce morceau a beaucoup de ressemblance avec le Nr. 25. A gauche, au bord de l'eau, est une maison carrée à un étage, ornée de pignons aux deux faces qui se présentent au spectateur. A côté de cette maison, en retrogradant vers le bord gauche de l'estampe, est une rive assez élevée, du milieu de laquelle une échelle est placée. On apperçoit sur cette rive une femme debout, et derrière elle, une petite maison garnie d'arbres. Au bas de l'échelle, du côté de la maison, est une nasse, et de l'autre, un homme assis dans un petit bâteau. Un bâteau semblable où il y a deux hommes, se voit au milieu de l'estampe. De l'autre côté de la maison un

mur délabré, terminé par une guérite, se tire vers la droite du fond. On voit dans l'enceinte quelques huttes et plusieurs grands arbres. Dans le plus grand éloignement une autre maison se distingue sur le rivage, dans la direction du mur. Le reste du lointain, où l'eau se prolonge, est occupé par quatre barques qui vont à voiles.

32. *Les quatre hommes sur le pont de pierre.*

12) On voit sur le second plan de ce morceau une digue étroite, basse et pratiquée en largeur, qui s'étend depuis le bord gauche jusqu'au milieu de l'estampe, où un pont de pierre d'une seule arche établit la communication avec le pays qui est à droite. Un homme ayant un paquet sur le dos, un bâton à la main, et précédé d'un chien, dirige ses pas sur la digue vers le pont où se trouvent quatre autres paysans. L'un d'eux, vu par le dos et assis sur le mur d'appui, parle aux deux autres qui sont debout devant lui. Le quatrième, qui est presqu'entièrement couvert d'ombre, regarde dans l'eau à côté de celui qui est assis. La rivière qui coule

sous le pont, se repand en avant sur toute la largeur de la planche. A l'autre bout du pont, vers le pays, s'éleve un grand arbre isolé, près duquel un batelier se penche dans sa nacelle. Vers le devant à droite est un petit arbre dont le pied est garni de buissons. Dans le fond de ce même côté sont quelques maisons garnies d'arbres et d'arbrisseaux. Sur la gauche, au delà de la digue, se présentent, dans le plus grand éloignement, d'autres arbres et maisons, parmi lesquelles un clocher pointu se fait remarquer tout près du bord gauche de la planche.

33 - 38. SUITE DE SIX ESTAMPES.

Largeur : 5 pouces, 1 à 5 lignes. Hauteur : 4 pouces, 3 lignes.

33. *Les deux voyageurs dans le bois.*

1) Sur le devant qui est un peu élevé, sont à droite deux grands arbres placés très près l'un de l'autre. Vers le milieu un homme vu par le dos, tenant un bâton de la main droite, semble montrer de la gauche le chemin à un autre qui est devant lui dans un creux. Ce devant fait le

bord d'un ruisseau qui coule en largeur
d'un côté de l'estampe à l'autre, et dont
un bras dirige son cours vers le milieu
dans le fond. Les bords du ruisseau sont
richement garnis d'arbres et d'arbrisseaux.
On lit au haut de la gauche : *Antoni Waterlo in. et f.* et à droite est le chiffre 1.

34. *La femme sur le petit pont de bois.*

2) On voit sur la gauche de cette estampe deux petites maisons de paysan placées à côté l'une de l'autre, mais en différentes directions. On apperçoit devant
l'une d'elles, qui est éclairée par le soleil,
un fossee traversé par un petit pont de
bois qui conduit à la porte de la maison.
Sur le pont une femme appuyée sur le
gardefou, parle à quelqu'un qui est en dedans de la porte. En partant de ces deux
maisons on voit, vers la droite, plusieurs
collines ornées de différens arbres dont
les deux plus grands sont plantés à côté
l'un de l'autre, près l'une des maisons. A
une petite distance de ces deux arbres un
homme portant un grand paquet sur le
dos, se penche vers une femme assise à
terre. Il y a une pièce d'eau sur le devant

à droite. Au haut de ce côté sont les lettres A. W. f., et à gauche est le chiffre 2.

35. *Le troupeau de moutons traversant l'eau.*

3) L'objet principal de ce morceau est le devant. Il consiste en une colline qui s'incline du côté droit vers le gauche. A l'endroit le plus élevé huit arbres sont rangés l'un près de l'autre. Du haut de cette colline un chemin conduit dans un ruisseau large, mais bas, sur lequel un berger fait traverser son troupeau de moutons. Le bord opposé qu'on voit en partie à gauche en largeur, est garni d'arbres et d'arbrisseaux. Au delà s'élève une montagne à pente douce. On lit au milieu du haut : *I. E. fe.*, et à gauche : *A. W. ex.* A droite est le chiffre 3.

Ce morceau, même après l'examen le plus scrupuleux, sembleroit être l'ouvrage de Waterlo ; mais la preuve qu'il n'en est pas l'auteur, ce sont les lettres *I. E. fe.*, qui désignent le nom de l'artiste : celui-ci cependant n'est pas connu. Il est seulement très certain, qu'il a imité la manière de Waterlo avec une exactitude admible et séduisante. Ne pourroit on pas con-

jecturer, que cet I. E., qui fut peut-ètre
un élève de Waterlo, a gravé cette estampe, et que Waterlo l'a ensuite terminé
au burin ?

36. *Les deux garçons et leur chien au bord*
de l'eau.

4) Une belle contrée boisée, en trois
plans bien déterminés. Le premier forme
le devant qui s'étend depuis le côté droit
sur plus de la moitié de l'estampe. Sur ce
devant s'élèvent à droite, près du bord
de la planche, deux très grands arbres
dont les cimes se perdent dans le bord
supérieur de la planche. Le second plan
qui se tire vers la droite dans le lointain,
est garni de trois bouquets d'arbres placés à distances égales, au delà desquels
on remarque un bois. Le troisième plan,
et le plus éloigné, est une colline douce
au delà de laquelle on voit de la verdure.
Sur la gauche du devant, au bord d'un
ruisseau, sont deux garçons dont l'un est
assis, l'autre couché sur le ventre. A quelque distance d'eux un chien boit dans le
ruisseau. Au haut de la gauche est écrit :
A. W. f. et le chiffre 4.

37. *Les deux pâtres au pied de l'arbre.*

5) On voit sur le devant à gauche deux grands arbres dont les cimes se perdent dans le bord supérieur de la planche. Le deuxième plan est un terrain ouvert, au milieu duquel, un peu vers la droite de l'estampe, un arbre isolé est planté. Au pied de cet arbre un pâtre est assis, les bras croisés, ayant son bàton appuyé contre l'épaule. Un autre pàtre qui a son bàton à côté de lui, est couché à terre prés du premier. Le terrain ouvert est borné par un bois épais qui s'étend du bord droit jusques vers le milieu de la planche, et qui, à commencer de là, découvre la vue d'un petit lointain composé de legères collines entrecoupées de verdure. On lit au haut de la droite : *A. W f.* et le chiffre 5.

38. *L'arbre au milieu du devant.*

6) Vue d'une contrée ornée de bois. Tout au milieu du devant s'élève un grand arbre dont les cimes atteignent presque le bord supérieur de la planche ; à son pied quelques troncs d'arbres sont étendus à terre. Tout au devant de la droite, sur le

bord d'un large chemin, est assis à terre un homme tenant un long bâton, et parlant à une femme qui est debout devant lui, portant quelque chose sur sa tête. Près de la femme on apperçoit deux chiens qui jouent ensemble. Le chemin se dirige, en montant, vers un bois qui est sur le deuxième plan, au milieu de l'estampe. A gauche, au delà de la colline où commence le bois, se voient en largeur plusieurs arbres, à travers lesquels, vers le bord gauche de l'estampe, on découvre le toit d'une chaumière. Ces arbres sont surmontés de legères montagnes à l'horizon. Dans le coin à gauche, sur le devant, est un petit marais. On lit au haut de la gauche : *A. W. f.*, et à droite est le chiffre 6.

39. *La chaumière ; un clair de lune.*

Sur la gauche de l'estampe, très près du bord d'un canal, est une petite maison couverte de chaume. Elle a une porte dans son milieu, et une seule fenêtre est menagée plus en avant vers le spectateur. Une cheminée sort du toit. Près de la porte s'élève un grand arbre, et à coté de la maison même, sur le bord de l'eau, beaucoup d'autres arbres et arbrisseaux se tirent vers la droite dans le loinsain où l'on apperçoit, au bord opposé du canal, un clocher pointu, et au dessus de lui, la lune couverte en partie de nuages. Au haut de la gauche sont marquées les lettres : *A. W. ex.*

Largeur : 5 pouces, 1 ligne. Hauteur : 4 pouces.

40. *La nuit claire.*

Le pendant du morceau précédent. C'est un paysage d'une vaste étendue, représenté dans le crépuscule. Tout le devant consiste en un pacage couvert en partie d'herbes. Le deuxième plan fournit la vue d'un village ou bourg qui s'étend sur toute la largeur de la planche, et dont les maisons sont pour la plus grande partie cachées derrière des arbres de différentes espèces. Une grande église et son clocher carré s'élèvent au dessus d'eux. Du toit de cette église sort une petite tourelle pointue, et trois autres pareilles se voient sur la gauche à différentes distances. On distingue deux autres villages sur les deux plans qui suivent, et l'horizon est déter-

miné par une chaîne de montagnes prolongées. On lit au haut de la gauche : *A.
W. ex.*

Largeur : 5 pouces, 1 ligne. Hauteur : 4 pouces.

41 - 46. SUITE DE SIX ESTAMPES.

Largeur : 5 pouces, 9 à 11 lignes. Hauteur : 4 pouces.

*Note. Ces six estampes ont été gravées d'une pointe extrê-
mement délicate, c'est pourquoi les bonnes épreuves en
sont fort rares. On les trouve ordinairement grises, surtout dans les ombres des devants, où les traits ont l'air
d'être confondus par l'eau-forte.*

41. *L'homme et la femme au pied du chêne.*

1) L'entrée d'un bois. Vers la gauche
de l'estampe, tout-à-fait sur le devant,
s'élève un grand chêne. Plus loin est un
arbre à deux troncs, et sur le troisième
plan, un bouquet de quelques petits arbres. Celui qui s'élève sur le devant de
la droite, atteint le bord supérieur de la
planche, et quelques autres, plus petits et
un peu plus éloignés, font de ce côté les
bornes du tableau. Entre ces deux groupes principaux est un large chemin qui
se dirige vers le spectateur, et qui ouvre
la vue d'une église entourée de verdure,

qui termine le lointain. Au pied du grand arbre, sur le devant à droite, un homme et une femme assis paroissent converser ensemble. Au haut de la gauche est écrit : A. W.

42. *L'homme et son chien au bas de la butte.*

2) Sur le devant à droite s'élève un chêne dont les branches se repandent jusques sur plus de la moitié de la planche. Il est en avant d'une butte, au bas de laquelle on voit un homme assis et accompagné de son chien. Vers le fond se présentent trois groupes d'arbres dont celui du milieu se compose de trois hautes tiges. Dans l'espace entre le bord gauche de l'estampe et le premier groupe d'arbres, on apperçoit un chemin sur lequel une femme conduit un enfant. L'ouverture entre le second et le troisième groupe offre la vue de quelques maisons et d'un clocher. Au haut de la gauche sont les lettres A. W. entrelacées.

43. *L'homme couvert d'un manteau, et son chien.*

3) Ce morceau représente un bourg

dont une partie se tire depuis le bord droit de l'estampe vers la gauche du fond, en s'étendant sur plus des trois quarts de la planche. A droite, au devant, un cabaret en charpente est adossé à un vieux mur élevé, avec deux arcs voûtés. A la porte du cabaret est l'hôte qui semble parler à un homme assis sur un petit banc. Un peu plus à gauche, et le long du mur, un large escalier conduit à une tour ronde, sous la quelle on en voit une autre de forme carrée. Le mur est couronné de buissons, et le rempart qu'il forme, est généralement couvert d'arbres d'entre lesquels s'élève la partie supérieure d'une petite maison. Sur le devant à gauche une partie de rocher perpendiculaire est surmontée d'un arbre rabougri. Entre ce rocher et la tour carrée s'ouvre le lointain fournissant la vue du mur et des maisons de l'autre partie du bourg. On voit sur le devant un homme couvert d'un manteau court, qui dirige ses pas vers le côté gauche de l'estampe, et qui est accompagné d'un grand chien. On lit au haut de la gauche : *Antoni Waterlo fe.*

44. *La porte de la haie sous les arbres.*

4) Sur le devant à gauche, tout près du bord, s'élève un grand arbre dont la cime atteint le haut de la planche. Derriere lui on voit, dans l'ombre, une maison entourée d'une haie dont la porte est couverte. Le terrain un peu élevé, sur lequel se trouve la maison, s'étend vers la droite sur plus des trois quarts de la planche. Deux hommes dont l'un porte un paquet sur le dos, sont sur le chemin qu'on y distingue. Du côté droit, dans un petit éloignement, est un ancien bastion surmonté d'arbres, de buissons et des restes d'une haie. A une petite distance se voit une maison à un étage, couverte d'un toit bas d'où sort une petite tourelle. Devant la porte de la maison est pratiqué un petit hangard qui couvre en partie plusieurs figures. On y arrive par une pente douce allant du côté gauche vers le droit. Sous la maison coule un ruisseau vers le devant de la droite jusqu'au bord de la planche. Au delà de la maison on apperçoit, dans le fond, un grand rocher, une haute tour ronde, et les parties supérieures de quel-

ques autres maisons. On lit au haut de la gauche : A. W. F.

45. *Le petit pont de bois d'un rocher à l'autre.*

5) On voit dans cette estampe deux grands rochers qui, l'un à gauche, l'autre à droite, s'étendent depuis le bord jusques vers le milieu de la planche. Ils sont séparés par un torrent qui, coulant du fond vers la droite du devant, se précipite en cascade sur plusieurs écueils, à l'endroit où le passage est le plus étroit. Au dessus de la cascade un petit pont de bois conduit d'un rocher à l'autre. On y voit un berger faisant marcher quelques moutons, et un paysan allant à sa rencontre. Entre eux deux est un garçon vu de face debout, et appuyé contre le garde-fou. Le rocher du côté droit est couvert d'arbres et d'arbrisseaux, au-dessus desquels s'élève une maison. On lit au haut de la gauche : *Antoni Waterlo fe. et in. et ex.*

46. *Les deux voyageurs conversant au bas d'une petite colline.*

6) Sur le devant à gauche, près d'une

petite colline éclairée par le soleil, est assis à terre un voyageur parlant à un autre qui, vu par le dos, est debout vis-à-vis de lui. Une seconde colline qui est très petite, s'élève sur le devant au milieu de l'estampe; une troisième, à droite, s'incline doucement sur le milieu de l'estampe, en se tirant vers le fond. Elle est ornée d'un arbre placé tout près du bord droit de l'estampe. On voit un chemin entre ces deux collines. Sur le deuxième plan, entre la colline du milieu et celle qui est éclairée, est un bouquet de deux grands arbres dont les cimes atteignent presque le bord supérieur de la planche. Plusieurs autres que l'on apperçoit au delà, paroissent être l'entrée d'un bois. Dans le milieu du fond se présente la vue d'un village masqué par une plantation abondante. Plus loin s'élève une montagne large et plate, au sommet de laquelle est un moulin à vent. On remarque au coin du haut de la gauche les lettres A. W. entrelacées.

47 - 52. SUITE DE SIX ESTAMPES.

Largeur: 5 pouces, 5 à 4 lign. Hauteur: 4 pouces, 7 à 8 lign.

47. *Les deux Ermites.*

1) Ce morceau représente un rocher généralement couvert d'arbres et de buissons, et surmonté d'une chapelle. On voit à gauche un petit pont de pierres communiquant avec le terrain qui se trouve vis-à-vis du rocher, et qui en est séparé par un fossé. Sous ce pont tombe un ruisseau qui prend son cours vers la droite dont il vient occuper le devant. Celui de la gauche est formé par une petite colline qui s'incline doucement dans l'eau. On y voit deux Ermites, l'un devant l'autre, qui marchent vers le fond à gauche. Au delà du pont est un groupe de quatre arbres à hautes tiges, et plus loin encore, s'élève une montagne qui s'étend en largeur vers la droite. Un petit lointain représentant un pays montueux, entrecoupé de plusieurs parties d'arbres, se présente dans l'espace étroit, entre le rocher et le bord droit de l'estampe, au delà de l'eau. On lit au haut de la gauche: *Antoni Waterlo. fe. et in.*

48. *L'ânier.*

2) On voit vers la gauche de cette estampe, un ruisseau qui du fond en droite ligne coule jusqu'au bord de la planche en avant. L'un de ses bords qui occupe le milieu de l'estampe, est haut, escarpé et tellement entrecoupé, qu'il semble consister en trois masses rangées l'une derrière l'autre. Il est surmonté de plusieurs arbres dont le plus considérable et le plus avancé vers le spectateur se trouve tout-à-fait à l'escarpe du bord, ayant ses racines en partie découvertes. Au delà de ces arbres paroît un chemin conduisant en avant depuis le milieu jusqu'au bord droit de l'estampe. On y voit un homme qui fait marcher un âne chargé. Le long du chemin est un bois touffu qui remplit le fond de ce côté. L'autre bord du ruisseau est, comme le premier, raboteux et miné par l'eau en plusieurs endroits. On y apperçoit, vers le fond, différentes maisons rangées en largeur, au delà desquelles on distingue des montagnes plates dans le lointain. Quelques quartiers de rocher, et des troncs d'arbres sont repandus çà et là dans l'eau.

Au haut de la droite, tout près du bord de la planche, est écrit: *Antoni Waterlo fe. et in.*

49. *Le dormeur au bord du chemin.*

3) Dans ce paysage on remarque le devant qui consiste en un grand rocher surmonté d'arbres et de buissons. Les troncs de quelques uns de ces arbres se penchent vers la droite par dessus le rocher, et les branches se perdent dans le bord supérieur de la planche. Un autre rocher, pareillement couvert de beaucoup d'arbres sauvages, paroit dans le fond à droite. Un chemin que l'on remarque à son pied, et sur lequel on voit un paysan qui dort couché par terre, serpente en avant jusqu'au bord droit de la planche. La partie mitoyenne du tableau offre la vue d'un pays inégal, garni de plusieurs arbres. Au haut de la droite, tout près du bord de la planche, est écrit: *Antoni Waterlo fe. et in. et ex.*

50. *La rivière avec les bords de rochers.*

4) Ce paysage représente une large rivière qui prend son cours du fond, de-

puis la gauche vers la droite où elle vient tomber en cascade au coin de l'estampe. Le rivage en deçà fait le devant qui remplit les deux tiers de la planche. Un grand arbre, dont les cimes se perdent dans le bord supérieur, s'élève tout au devant à gauche. Au milieu de cette terrasse est un chemin qui, montant d'au delà, se tire en avant jusqu'au bas de l'estampe. Il se dirige un peu vers la droite, c'est-à-dire, presqu'en ligne parallèle avec le courant de la rivière. Le rivage est miné par l'eau. Sur une de ses parties les plus éminentes se voit un groupe de trois arbres. Plus bas, presqu'au milieu de l'estampe, est assis à terre un paysan qui s'amuse avec ses deux chiens. Le long du bord au delà s'élève un grand rocher escarpé, tellement entrecoupé de crevasses, qu'il paroît consister en quatre masses rangées à côté l'une de l'autre. Il est garni d'arbres et d'arbrisseaux à sa cime et à son pied. Au delà du devant, dans le lointain, se présente une partie de la rivière, et plus loin une chaîne de montagnes prolongées en largeur. On lit au haut de la droite : *Antoni Waterlo in et ex.*

51. *La chapelle avec l'escalier.*

5) On voit au sommet d'une legère colline qui occupe le côté gauche de cette estampe, une chapelle couverte d'un toit bas, dont le pignon est terminé par un petit clocher. On arrive à la porte de cette chapelle par un escalier de cinq à six dégrés. Derrière le toit s'élèvent plusieurs arbres. Un peu plus en avant, presqu'au milieu de l'estampe, est une petite colline surmontée de deux arbres et de quelques buissons très touffus. Entre cette colline et la chapelle, un chemin qui s'incline doucement, arrive jusqu'au bord inférieur de la planche. Au bas de la colline un ruisseau venant du milieu du fond, coule vers le devant à droite. De ce côté on voit, sur son bord, une maison à un étage, et près d'elle une petite hutte, le tout enveloppé de beaucoup d'arbres. Un chemin qui paroît devant cette maison, conduit vers le devant à la rivière. Elle est traversée par un petit pont de bois, sur lequel on voit une figure à l'endroit où ses deux bords sont les plus élevés, et où elle fait une chûte en deux cascades. On distingue dans le lointain, qui est au

milieu de la planche, plusieurs maisons au pied d'une montagne. Au haut de la gauche est écrit : *Antoni Waterlo in. et ex.*

52. *Le pont de planches.*

6) Le sujet principal de ce paysage est une rivière qui, coulant de la gauche du fond, se divise en deux bras sur le devant. L'un des bords de cette rivière est une hauteur escarpée qui occupe la moitié droite de l'estampe. Il s'y élève, près de l'escarpe, deux grands arbres entourés de buissons très touffus. Un peu plus vers la droite est un bois. Le bord à gauche qui paroît dans le fond, est pareillement exhaussé et richement garni de verdure. C'est le long de ce bord que l'un des bras de la rivière prend son cours en travers jusqu'à la gauche de l'estampe, tandisque l'autre bras vient se rendre à la droite du devant. Ces deux bras sont séparés par une partie de terrasse, de laquelle s'élèvent quatre arbres dont le principal se perd dans le haut de la planche. Tout au bas, dans le coin à droite, on apperçoit une partie de jettée ou espèce de digue, communiquant par un pont avec le large

chemin pratiqué dans la hauteur dont on a fait mention. Ce pont est composé de quatre planches et du vuide d'une cinquième. Deux paysans qui s'amusent d'un chien, sont près de ce pont. Au sommet de la hauteur un voyageur portant un bâton sur son épaule, dirige ses pas vers le devant. On voit deux troncs d'arbre jettés dans l'eau, au milieu de l'estampe, et dans le lointain, deux figures sur le bord de la rivière. Plus loin encore s'élève une grande montagne. On lit au haut de la droite : *Antoni Waterlo fe. et in.*

53. *Le voyageur près du bois.*

On voit au milieu de cette estampe un bosquet sur un terrain un peu élevé. L'arbre le plus haut est le plus proche du spectateur, et sa cime se perd dans le bord supérieur de la planche. A la lisière de ce bosquet un chemin conduit depuis le bord gauche de l'estampe jusqu'au devant vers le coin de la droite. Un voyageur accompagné d'un chien y marche au côté gauche. On voit dans le fond à droite une partie de bois qui est séparée du bosquet par un ruisseau assez large. Vers le bas

de la droite sont marquées les lettres
A. W. f.

Largeur : 5 pouces, 2 lignes. Hauteur : 4 pouces, 2 lign.

54. *La maison garnie de verdure, au bord
de la rivière.*

Le devant qui s'étend du côté gauche
jusqu'aux trois quarts et plus de la planche,
représente un chemin tournoyant dont le
bord droit part du milieu du bas de l'estampe. Tout près du bord gauche s'élève
un grand arbre dont les extrémités se perdent au dessus du haut de la planche. Vis-
à-vis de lui, presqu'au milieu du morceau, deux autres grands arbres sont plantés à côté l'un de l'autre. Ils se trouvent
sur le bord d'une large rivière qui serpente du milieu du lointain vers le bas
de la droite de l'estampe. Entre l'arbre
isolé à la gauche, et les deux autres à la
droite du chemin, se voient, dans le fond,
deux masses d'arbres un peu séparées,
qui s'étendent vers la droite en garnissant
le rivage. Une partie de bois semblable
se trouve aussi sur le rivage opposé, et
devant elle, tout près du bord droit de
la planche, est une petite maison entou-

rée d'une haie dont la porte occupe le milieu. Les lettres A. W. F. sont marquées au bas de la gauche, hors du bord de l'estampe.

Largeur : 5 pouces , 3 lign. Hauteur : 4 pouces , 7 lignes.

55. *L'entrée du bois entourée d'une haie.*

Au milieu du devant qui s'étend du côté droit jusques sur deux tiers de la planche, s'élèvent, à côté l'un de l'autre, deux grands arbres dont les extrémités atteignent le bord supérieur de la planche. Un ruisseau qui vient du milieu, forme et remplit le coin à gauche. La rive au delà est richement garnie d'arbres et d'arbrisseaux plantés tout au bord de l'eau. Entre les deux grands arbres et le bord droit de la planche, est une habitation entourée d'arbres, de buissons et d'une haie dont la porte est ouverte. On en voit sortir un homme. Sur le devant à gauche, dans l'eau, sont marquées les lettres A. W. F.

Largeur : 5 pouces , 3 lignes. Hauteur : 4 pouces, 8 lign.

56. *Les deux hommes à la barrière.*

Sur le devant à gauche est un groupe de trois arbres entrelacés dont les extrémités s'élèvent au dessus du bord supérieur de la planche. A quelque distance, un peu plus vers le fond, on voit une haie en charpente qui s'étend en largeur, du bord gauche jusqu'au milieu de la planche où se remarque une barrière, en dedans de laquelle sont deux hommes. L'un d'eux fait signe de sa main droite étendue, appuye le bras gauche sur sa hanche, et retourne la tête vers l'autre qui est derrière lui. En dedans de la haie est un bois épais qui se tire vers le fond de la droite où l'on voit un ruisseau. On apperçoit une chaumière à gauche, tout près du bord de la planche. Deux chemins dont l'un est à la gauche, l'autre à la droite du devant, se réunissent à la barrière. A gauche, hors du bord inférieur de la planche, sont marquées les lettres: A. W. F, dont les deux premières sont entrelacées.

Largeur: 5 pouces, 1 ligne. Hauteur: 4 pouces, 6 lign.

57. *Le bois dans la rivière.*

Ce morceau représente une rivière qui remplit presque toute la largeur du devant de l'estampe. Elle baigne la lisière d'un bois épais qui s'étend du bord gauche sur plus des trois quarts de la planche, et consiste en trois masses d'arbres assez déterminées. L'une, qui est au côté gauche, est la plus proche du spectateur; une autre, qui est la plus éloignée, se trouve sur la langue de terre, et entre ces deux est la troisième, remarquable en ce que les arbres qui la composent, sont les plus hauts. Dans le lointain, au bord opposé, est la vue d'un petit lieu, avec une église dont on remarque le clocher pointu. A droite, sur un devant très étroit, garni de joncs, s'élève dans le coin et tout près du bord de la planche, un arbre presque privé de feuilles. On lit au bas de la gauche, hors du bord. *Antoni Waterlo in. et fe.*

Largeur: 5 pouces. Hauteur: 4 pouces, 5 lignes.

58. *L'arbre cru de biais.*

A gauche, sur le devant qui s'étend depuis la droite jusqu'à plus de la moitié de la planche, en s'inclinant doucement, on remarque d'abord un gros arbre cru tellement de biais, que sa tige vient trouver le milieu du bord supérieur de l'estampe. On ne voit que quelques unes de ses

branches: toute sa couronne est supposée au dessus de la planche. Le terrain
élevé où cet arbre se trouve, est entouré
d'une eau qui occupe toute la largeur du
devant. Au delà le bord se partage en trois
monticules. Le premier, et le plus avancé,
est garni de joncs du côté de l'eau. Sur
le second s'élève un bouquet de deux arbres placés très près l'un de l'autre, et sur
le troisième se présente un bois épais composé d'arbrisseaux et de buissons qui s'é-
tendent sur toute la largeur de la planche.
Dans le fond, à droite, est un petit lointain. De ce même côté, au bas, dans l'eau,
se voient les lettres : A. W. F., dont les deux
premières sont entrelacées.

Largeur : 5 pouces. Hauteur : 4 pouces, 7 lignes.

59 - 64. SUITE DE SIX ESTAMPES.

Largeur : 5 pouces, 2 à 3 lign. Hauteur : 4 pouces, 4 à 7 lign.

Elles sont marquées au haut de la droite des lettres *a - f.*

NB. *Les planches, après avoir beaucoup tiré, ont été entièrement retouchées à l'eau-forte.*

59. *L'homme et la femme près du petit pont.*
  1) On voit à la droite de cette estampe
un bois épais qui s'étend à gauche jusques

vers la moitié, et qui est renfermé par une haie de planches. De dessous cette haie vient un ruisseau qui, sortant du bois coule sur le devant dont il remplit toute la largeur. A droite, le long de la haie, est un terrain élevé garni de joncs du côté de l'eau. Il communique par un petit pont avec le bord opposé garni de buissons sur toute sa longueur. Près du petit pont, trois palis dont deux sont joints par une solive, sortent de l'eau. Plus haut, dans un chemin, un homme et une femme s'avancent vers le petit pont. Sur le bord à gauche un arbre isolé s'élève au milieu d'un terrain ouvert et terminé, vers le fond, par une plantation variée. On lit au haut de la gauche : *Antoni Waterlo fe.*

60. *Le voyageur et son chien.*

2) Sur le terrain qui s'élève à la droite de l'estampe, un large chemin commençant du bord inférieur de la planche, conduit vers la droite, derrière un petit rocher surmonté d'arbres. Sur le penchant de cette élevation, presqu'au milieu de l'estampe, est un buisson épais. A quelque distance un voyageur dirige ses pas

vers le rocher. Il porte un paquet sur le dos, tient un bâton de la main droite, et est suivi de son chien. Du milieu de l'estampe un ruisseau coule vers le coin à gauche, et occupe une petite partie du devant. Un de ses bords est le terrain élevé dont on a parlé ; le bord opposé est garni d'arbres et d'arbrisseaux qui fuient vers le fond. Le lointain qui paroit entre ces arbres et le rocher, offre la vue d'une montagne très éloignée. On lit au haut de la gauche : *A. Waterlo fe.*

61. *Les trois jeunes garçons et leurs chiens.*

3) Sur le premier plan de ce morceau se font remarquer trois collines qui se partagent le champ principal du tableau. Celle à gauche est surmontée d'un rocher garni d'arbres dont l'un étend ses branches vers la droite sur plus de la moitié de l'estampe. On voit une autre partie d'arbres à haute futaie au delà de la colline à droite. Deux chemins parallèles séparés par la colline du milieu, et aboutissant au bord inférieur de la planche, conduisent dans le fond où l'on apperçoit une maison

au milieu de beaucoup d'arbres qui s'étendent sur toute la largeur de la planche.
Sur le bord de la colline à droite, est un
groupe de trois jeunes garçons dont celui
qui est debout, semble exciter deux chiens
qui se battent au milieu du chemin. Les
lettres A. W. entrelacées se trouvent au
bas, dans le coin à droite.

62. *L'allée au bois.*

4) La terrasse principale de ce morceau
occupe plus de la moitié du devant. Tout
près du bord droit de la planche sont
quatre grands arbres l'un devant l'autre;
quatre autres se voient au milieu de l'estampe, sur la pente du devant. Entre ces
deux groupes d'arbres qui forment une
espèce d'allée, un chemin commençant
du bord inférieur de la planche, conduit
en ligne droite dans le fond. Au milieu
de cette allée deux hommes vus par le
dos marchent dans un creux. Le long de
la pente du devant un ruisseau tombant
en cascade sur quelques quartiers de rocher, coule en avant où il s'étend jusqu'au
coin bas de la gauche. De ce côté le rivage
est garni d'un bois clair qui fuit jusques

dans le fond. Au haut de la gauche est écrit: *Antoni Waterlo fe.*

63. *Les deux cavaliers.*

5) On voit à la gauche de cette estampe, sur le devant, une colline surmontée d'un grand arbre dont les cimes atteignent le bord supérieur de la planche. Au pied de l'arbre deux troncs sont étendus à terre, et à quelque distance, en tirant vers le bord gauche de la planche, se voit un petit arbre entièrement sec. A droite, sur le devant d'un terrain qui s'étend sur toute la largeur de la planche, un homme à cheval et une dame montée sur un mulet dirigent leurs pas vers la droite. Un chien les précéde, et un garçon les suit en courant. Ce terrain est terminé, vers le fond, d'un creux garni d'arbres touffus, au delà desquels se présente une montagne qui descend doucement de la droite vers le milieu du morceau, et qui est garnie de plusieurs arbres. Une autre montagne moins haute, s'élèvant de même du milieu, se tire vers le côté gauche, ornée pareillement d'arbres et d'arbrisseaux: elle ne laisse appercevoir aucun lointain

Au haut de la gauche est écrit : *A. Wa-*
terlo fe.

64. *Les deux garçons et le chien abboyant.*

6) Vers le milieu de la planche une colline qui s'incline doucement vers le devant, est garnie de quatre grands arbres
dont les cimes atteignent le bord supérieur de la planche. Un cinquième du
même volume, mais planté dans un fond,
ne montre que sa tête sur la pente de la
colline. Un chemin montant de la droite
du bas se dirige vers la gauche. Sur le
bord de ce chemin sont deux garçons.
L'un d'eux, dirigé vers la gauche, est accroupi, comme pour faire ses besoins;
l'autre debout auprès de lui semble exciter un chien qui abboye après lui. Un autre chemin, un peu plus large, se tire d'au
delà de la colline vers le devant à droite,
jusqu'au bord inférieur de la planche,
dans le coin de laquelle on voit un buisson et quelques petits arbres qui les surmontent. Différens autres arbres plantés
sur un terrain élevé se voient dans le fond
entre le bord gauche de la planche et le
groupe des quatre arbres de la colline.

Le lointain à droite offre la vue d'un pays montueux entrecoupé d'arbres. Au haut de la gauche est écrit: *A. Waterlo fe.*

65 - 70. SUITE DE SIX ESTAMPES.

Largeur : 5 pouces , 5 lignes. Hauteur : 4 pouces , 11 lignes.
Elles sont numerotées au haut de la droite.

65. *Le porte-faix.*

1) Sur la gauche de cette estampe est un rocher couvert de buissons, par dessus lesquels s'élèvent deux grands arbres qui se penchent vers la droite, et dont les cimes atteignent le bord supérieur de la planche. Au sommet de la colline est une chapelle surmontée d'un petit clocher dont la pointe est ornée d'une croix placée de biais. Au pied de la colline un ruisseau coule en avant jusqu'au bord inférieur de la planche où il forme une cascade. Sur le devant à droite est un chêne tronqué à la moitié de sa tige, mais garni de deux grosses branches richement feuillues. On apperçoit derrière ce chêne un chemin conduisant du bord droit de la planche vers le milieu du fond. Sur ce chemin, dans un creux, marche un homme

portant un fardeau sur le dos. Entre la cascade et le chemin le terrain est entre-coupé en deux plans, par dessus lesquels se montre un bois dans le lointain. Au haut de la gauche est écrit : *Antoni Wa-terlo fe. et in.*

66. *Le chemin près du grand chêne.*

2) Presque toute la partie de devant de ce paysage est occupée par une élevation qui s'étend en largeur à une hauteur presqu'égale. Au milieu de cette élevation est un large chemin qui, montant du bord inférieur de la planche, va se perdre dans une vallée. On y voit deux hommes dont l'un descend et l'autre monte. Celui-ci tient son bâton à la main, l'autre le porte sur l'épaule. A quelque distance du bord du chemin, sur la droite, s'élève un grand et beau chêne dont la cime atteint presque le bord supérieur de la planche. Un autre arbre, tronqué par le haut, mais garni vers le bas de plusieurs branches bien feuillues, se voit à gauche sur le de-vant. Dans le fond de ce même côté paroît une hauteur qui s'étend jusqu'au milieu de la planche, où sa pente est escarpée

du côté de la vallée. Le dos de cette hauteur est orné de deux groupes d'arbres. Plus loin encore, plusieurs arbres sortent d'un creux. Entre le grand chêne et le bord droit de la planche se montre un champ de bled, et au delà, un bois épais. Sur le devant à droite un paysan assis à terre et montrant le dos, parle à un homme qui est debout devant lui, ayant son manteau sur l'épaule droite. On lit au haut de la gauche : A. W..F.

67. *Les deux allées.*

3) Ce paysage consiste en trois plans distinctement prononcés. Sur le premier est à droite un groupe de cinq grands arbres. Sur le second paroît une autre partie d'arbres qui, en commençant au milieu de l'estampe, fuit vers la droite du fond, en ligne parallèle avec les arbres du devant, et forme une allée qui, se divisant en deux chemins sur le devant, se tire à gauche et à droite jusqu'au bord inférieur de la planche. On voit dans cette allée arriver un homme enveloppé de son manteau; et sur le bord du chemin à droite, tout en avant, on apperçoit un voyageur

assis à terre, appuyé contre un paquet, et ayant une grande cruche à ses pieds. Il y a sur le troisième plan encore une partie d'arbres dont la direction est la même que celle du milieu, avec laquelle elle forme une seconde allée qui cependant est beaucoup plus large. Au haut de la gauche est le monogramme composé des lettres A et W.

68. *L'homme et la femme sur le monticule.*

4) Au milieu de cette estampe, sur une petite hauteur, s'élèvent trois grands arbres plantés en triangle. Plus en avant sont deux monticules dont celui à gauche est couvert de buissons. Sur l'autre, vers le milieu de l'estampe, est assis un homme, et à côté de lui, une femme tenant le bras gauche élevé. Près des trois arbres, on apperçoit à gauche, à mi-corps, un homme portant un bâton sur l'épaule; et à droite un chemin qui se tire d'un creux, et s'étend jusqu'au coin droit du bas de l'estampe. De ce même côté, tout près du bord de la planche, on voit, sur une hauteur, une chaumière entourée d'arbrisseaux et d'ar-

bres qui dépassent son toit. Du côté de la chaumière s'étend, en largeur, un pré qui s'incline doucement vers la gauche, et qui est terminé par une rangée d'arbres, au travers desquels on découvre le toit d'une chaumière. On lit au haut de la gauche les lettres A. W. entrelacées et *ex*.

69. *Le paysan sur le chemin large.*

5) Dans ce paysage on remarque particulièrement un large chemin qui du milieu de l'estampe avance jusqu'au coin du bas de la droite. Il est bordé à droite par une butte qui, à l'endroit où elle fait un angle saillant, est surmontée de deux grands arbres plantés l'un près de l'autre. C'est à cet endroit que le chemin se tourne à droite vers un village dont on apperçoit quelques maisons parmi les arbres qui s'étendent depuis plus de la moitié de la planche. Un paysan tenant un bâton sur l'épaule, et sortant du village, marche sur le chemin dont il suit la courbure. Le devant à gauche est formé par un terrain couvert de gazon hérissé, au milieu duquel s'élève un arbre. Entre lui et le bord gauche de la planche paroît,

dans un creux, la partie basse du village, et plus loin, une douce colline couronnée par des arbres.

70. *La laitière.*

6) Vue d'un bois. Au milieu de l'estampe, sur le premier plan, est un groupe de trois grands arbres plantés en triangle, très près l'un de l'autre. Dans un chemin étroit qui entre ces arbres se tire en avant, presqu'en droite ligne, jusqu'au bord inférieur de la planche, marche une femme conduisant un enfant par la main droite, et portant sur la tête une planche où quelques pots sont placés. Le deuxième plan est un terrain assez uni qui s'étend, en largeur, d'un bord de la planche à l'autre. On y voit, à droite, une rangée de beaucoup d'arbres serrés qui de ce côté ferment la vue. Sur le devant est un petit marais. A gauche se voient deux bouquets d'arbres, et sur le devant qui est un peu plus bas, est un arbre en buisson. Le lointain offre la vue d'une ville.

71 - 76. SUITE DE SIX ESTAMPES.

Largeur : 6 pouces, 2 lign. Hauteur: 4 pouces, 2 lignes.

71. *La double cascade.*

1) Ce morceau représente, sur la gauche, une haute montagne qui s'incline du fond vers le spectateur. Le devant de ce même côté est formé par une colline qui s'élève au pied de la montagne, et qui est surmontée d'un groupe de deux arbres dont les cimes montent jusqu'au bord supérieur de la planche. Dans un petit éloignement, et vers le milieu de l'estampe, s'élève un rocher escarpé garni à son sommet de quelques pins. Entre ce rocher et la colline se voient, dans le lointain, plusieurs arbres rangés en largeur, et au de là, une montagne. En avant un torrent tombe en double cascade dans une pièce d'eau qui remplit toute la largeur du bas de la planche. On remarque dans le lointain, à droite, plusieurs montagnes qui se succèdent en amphithéâtre. On apperçoit un village sur celle qui est la plus avancée. La marque A. W. F. est au haut de la droite.

72. *La triple cascade.*

2) On voit à la gauche de l'estampe, vers le fond, une haute montagne surmontée d'une espèce de petit fort. Un peu plus en avant, presqu'au milieu, s'élève un rocher escarpé, garni à son sommet d'arbres et de buissons. Entre ce rocher et la montagne, un chemin où l'on distingue dans l'ombre un homme et une femme assis à terre, conduit au devant jusqu'au bord inférieur de la planche. Sur la droite sont plusieurs collines couvertes de verdure, qui s'élèvent par progression, à mesure qu'elles fuient dans le lointain où elles sont terminées par une haute montagne. Ces hauteurs sont ornées en divers endroits par des fabriques dont quelques unes sont situées sur le bord d'un grand bassin dont l'eau tombant en triple cascade, coule entre plusieurs rochers jusqu'au bord inférieur de la planche. On lit les lettres A. W. F. au haut de la droite.

73. *Le rocher stérile.*

3) Le côté gauche de cette estampe est une montagne qui remplit toute la largeur de la planche. De ce même côté

s'élève, à une certaine distance, une autre montagne qui va jusqu'au bord supérieur. Un chemin assez roide conduit du bas de la gauche à une petite église garnie d'un clocher pointu, et entourée d'arbres, qu'on apperçoit dans le vallon. A un des côtés de la première montagne, presqu'au milieu de l'estampe, s'élève un rocher immense, tout-à-fait stérile et très escarpé au pied duquel, du côté du spectateur, sont plusieurs arbres. On voit sur le devant, près du bord du chemin, trois hommes qui causent ensemble. L'un d'eux est assis à terre, ayant sa hotte derrière lui : les deux autres sont debout. On distingue plusieurs autres petites figures ainsi qu'un cheval à droite sur le bord d'une large riviére au delà de laquelle se présente une ville située sur la rive droite, et la vue d'un pays montueux d'une vaste étendue. On lit au haut de la droite les lettres A. W. F.

74. *Le pays désert, couvert de rochers.*

4) Ce morceau représente des rochers généralement chargés d'arbres sauvages qui depuis le côté gauche vont en mon-

tant vers la droite, où les cimes des plus élevés se perdent dans le bord supérieur de la planche. On remarque dans la même direction un terrain chauve, ressemblant à un chemin qui conduit aux parties supérieures. Au delà de ce chemin, presqu'au milieu de l'estampe, s'élève une grande masse de rocher dont le sommet plat est richement garni d'arbres. En deçà est un précipice, du fond duquel s'élève un triple rocher dont l'élevation principale dépasse le chemin. Tout au bas est de l'eau enfermée comme dans un bassin, et s'étendant jusqu'au bord inférieur de la planche. Le lointain à gauche est composé de plusieurs collines et montagnes entrecoupées de bois. On lit au haut de la gauche les lettres : A. W. F.

75. *La grande chûte d'eau.*

5) Le milieu de cette estampe est occupé par un rocher extrémement couvert d'arbres et d'arbrisseaux sauvages. Il se sépare en deux pour donner passage à un torrent qui, se brisant sur des quartiers de rochers, précipite son cours jusqu'au bord inférieur de la planche. A gauche.

sur le devant, sont, près l'un de l'autre,
deux arbres dont les cimes atteignent le
bord supérieur de l'estampe. Au pied de
celui qui est le plus avancé, et dont les
racines sont très découvertes, sont étendues quelques branches sèches, baignées
en partie par l'eau. Tout-à-fait à droite
on apperçoit au travers du bois un chemin étroit qui se tourne dans le fond. Au
haut de la gauche sont marquées les lettres A. W. entrelacées.

76. *Les deux chaumières au pied de la haute*
montagne.

6) A la droite de cette estampe, tout-
à-fait dans l'ombre, est un énorme rocher,
surmonté de quelques arbres dont les couronnes dépassent le bord supérieur de la
planche. A gauche, dans un petit éloignement, s'élève une montagne escarpée
d'une hauteur immense, garnie à son sommet de quelques parties d'arbrisseaux, et
ornée vers le milieu de sa hauteur de beaucoup d'arbres touffus de haute futaie. Deux
chaumières sont situées au pied de cette
montagne. On apperçoit un homme devant la porte de celle qui est la plus proche

du bord gauche de l'estampe ; et tout en
avant de ce même côté, un autre homme,
chargé d'un paquet, se remarque sur le
chemin. Au milieu de l'estampe, entre la
montagne et le rocher, se présente un lointain offrant la vue d'un village garni d'arbres, et de quelques montagnes. Au haut
de la planche, vers la gauche, sont les
lettres A. W. f.

77-82. SUITE DE SIX ESTAMPES.

Hauteur : 5 pouces, 6 à 9 lignes. Largeur : 4 pouces, 6 à 11

lignes.

77. *Le dôme et la chûte d'eau.*

1) Sur le devant à gauche s'élève un
grand rocher escarpé, surmonté d'arbres
dont les cimes dépassent le bord supérieur de la planche. De derrière ce rocher
un large chemin tournoye vers le devant
à gauche jusqu'au bord inférieur de la
planche. On voit sur le bord de ce chemin, presqu'au milieu du bas de l'estampe,
un arbre courbé dont le tronc est assez
gros, mais la couronne peu feuillue. Plus
loin, pareillement sur le bord du chemin,
un paysan accompagné d'une femme et de

deux enfans qui sont debout, est assis sur
une butte. Un autre, tout auprés, est
couché sur le ventre. Tout le fond est
occupé par des rochers de différentes hauteurs, et divisés en deux masses, entre
lesquelles on voit, dans le plus grand éloignement, et tout au haut, des fabriques
parmi lesquelles un grand édifice orné
d'un dôme se fait remarquer particulièrement. En avant de ces fabriques est
pratiqué un aqueduc dont les arcades don-
nent passage à un torrent qui, aprés sa
chûte, se repand jusqu'au devant de la
droite de l'estampe. Les rochers du fond,
ainsi que ceux aux deux côtés du torrent,
sont plus ou moins couverts de verdure.
L'un d'eux, qui se voit à gauche, au delà
des figures dont on a parlé, est surmonté
d'une chaumière placée près d'un petit
bois touffu. On apperçoit à droite, tout
près du bord de la planche, un chemin
sur lequel deux hommes s'avancent vers
une ouverture sombre, à la hauteur de
laquelle une chaumière dominée par une
haute montagne est placée au sommet
d'un haut rocher. Au milieu du haut est

écrit: *Antoni Waterlo fe. et in. ex.* Dans le coin à droite est la lettre A.

78. *Le petit pont oblique.*

2) La gauche du devant est presque entièrement traitée comme celle de l'estampe précédente. Elle consiste pareillement en un haut rocher escarpé, généralement couvert d'arbres et de buissons. Ce rocher est baigné par un torrent dont la rive gauche, assez élevée, se tire du milieu du fond jusqu'au devant de la droite de l'estampe. Le long de cette rive est un chemin qui s'incline vers le devant, et qui du côté droit de l'estampe est bordé par des côteaux surmontés de verdure. Le torrent est traversé par un petit pont qui, descendant du rocher le plus élevé, et s'appuyant sur d'autres, arrive jusqu'au bord du chemin. Le rocher du milieu qui est son soutien principal, force l'eau à se diviser en deux cascades qui jaillissent entre des pierres. Au haut de ce rocher une croix de bois est érigée près du garde-fou du petit pont. Sur le pont même, un berger fait marcher ses moutons vers le chemin, à la rencontre d'une femme qui

porte un panier sur la tête. On lit au haut de la gauche : *A. Waterlo fe. et in.* et à droite la lettre B. est marquée.

79. *La mère et ses trois enfans en marche.*

3) Un terrain un peu élevé qui s'étend du côté gauche jusqu'au milieu de la planche, fait le devant de ce paysage. Sur le bord escarpé de ce terrain, vers le milieu de l'estampe, s'élève un grand arbre dont la cime atteint le bord supérieur de l'estampe. Il est suivi de trois autres, plantés presqu'en triangle ; et plus loin encore on voit en largeur un petit bois, au delà duquel se montre le toit d'une chaumière. Entre le terrain élevé et un bois qui du milieu de l'estampe se tire d'abord en largeur vers la droite, et se prolonge ensuite jusqu'au devant, un large chemin conduit en droiture jusqu'au bord du bas de la planche où il s'élargit. On y voit une femme portant un enfant entre ses bras, et un autre sur le dos; un jeune garçon marche à côté d'elle. Elle est suivie par un homme portant un paquet sous le bras droit, et un bâton sur l'épaule. Toutes ces figures se trouvent sous l'ombre re-

pandue par le grand arbre. Au haut de la
gauche sont marquées les lettres A. W.,
et à droite est la lettre C.

80. *Les traqueurs.*

4) L'entrée d'un bois clair sur une montagne. Tout au milieu de l'estampe, au
deuxième plan, s'élève un grand chêne
entre trois autres arbres pareillement très
forts, dont deux près l'un de l'autre sont
plantés à gauche; le troisième l'est à droite
un peu vers le fond. A travers ces arbres
le bois s'épaissit du côté gauche, et an-
nonce de l'étendue. Vers la droite il est
borné par une haie qui s'étend en largeur
à commencer du milieu de la planche. Entre les deux arbres de la gauche et celui
du milieu, un chemin conduit vers le devant à droite, en s'abbaissant doucement.
Sur ce chemin un homme à cheval est
suivi d'un traqueur, et précédé d'un lévrier. On apperçoit dans le fond, au delà
de l'arbre du milieu, un berger qui conduit quelques moutons peu distinctement
exprimés; et deux figures marchant de
compagnie se voient sur un endroit ouvert, entre le bord gauche de la planche

et les deux grands arbres accouplés. Vers le devant à gauche sont deux collines dont la plus avancée est assez plate, et présente un groupe de quatre traqueurs. L'un d'eux vu par le dos et assis à terre, a le bras droit élevé, un autre est assis près de lui, et le troisième, un genou en terre, s'incline en avant. A une petite distance le quatrième debout s'appuye sur un grand bâton. Le devant à droite est un terrain étroit, un peu élevé, qui s'étend en largeur sur toute l'estampe; il est garni d'un arbrisseau tout près du bord droit de la planche. Les lettres A. W. F. sont marquées au haut de la gauche, et la lettre D à droite.

81. *Le berger sur le petit pont.*

5) On voit dans ce paysage un torrent qui tombe d'une cascade dans le fond à gauche, et coule en avant jusqu'au bas de la droite. Son bord est de ce côté richement garni d'arbrisseaux touffus, parmi lesquels se fait remarquer un grand arbre qui s'élève presque du milieu de la planche, en s'inclinant vers la gauche. Près de cet arbre est un petit pont de pierre de deux arches d'où un chemin

descend jusqu'au devant de la gauche. On voit sur le pont un berger faisant marcher son troupeau de moutons. Dans le fond à gauche un petit pont de bois qui est au dessus de la cascade, forme la communication entre les deux bords du torrent. On y remarque un homme portant un bâton sur l'épaule. Le fond à droite offre la vue d'une chaîne de hautes montagnes, sur l'une des quelles sont quelques fabriques. On lit au haut de la gauche : *Antoni Waterlo fe, et in.*, et à droite est la lettre E.

82. *Le vacher et le moulin.*

6) Sur le deuxième plan, à la gauche et très près du bord de l'estampe, est un groupe de cinq saules qui masquent le retour d'un large chemin qui vient aboutir au coin gauche inférieur de la planche. On voit sur ce chemin un vacher faisant marcher trois vaches et quatre moutons. Presque sur le devant, un peu vers la gauche, s'élève un grand arbre qui atteint le bord supérieur de la planche, et vers la droite, deux autres grands arbres très près l'un de l'autre. Le terrain où ils sont

plantés , s'abbaisse vers le devant. Un ruisseau qui ne se montre qu'au pied des
deux arbres du côté droit, coule en avant
jusqu'au coin droit du bas de l'estampe.
Ses bords sont généralement couverts d'arbres touffus, d'entre lesquels s'échappe
un petit clocher pointu. A droite , près
du bord de l'estampe, on voit un moulin
et une maison couverte de chaume. La
lettre F est marquée au haut de la droite.

83 - 88. SUITE DE SIX ESTAMPES.

Largeur: 6 pouces , 1 à 5 lignes. Hauteur : 5 pouces.

83. *Le groupe de quatre arbres.*

1) Sur le devant de cette estampe, à
gauche, est un petit marais entouré de
buissons ; il s'étend vers la droite en s'é-
largissant un peu. Sur le second plan , au
milieu de l'estampe , quatre grands arbres
plantés presque en carré, s'élèvent sur une
petite hauteur, au bas de laquelle un large
chemin se tire de la droite vers le milieu
du fond. Sur ce chemin, un homme couvert d'un manteau court conduit un enfant par la main. Une femme suivie d'un
chien vient à sa rencontre. A la droite du

chemin, au troisième plan, est un petit bois. Au delà du marais où le pays est élevé, on apperçoit dans le plus grand éloignement, les maisons d'un village et son clocher terminé en pointe. Au haut de la planche, à gauche, est écrit : *Antoni Waterlo fe. et ex.*

84. *Le chasseur aux canards.*

2) Ce paysage représente un ruisseau qui, coulant du fond en avant, est séparé au troisième plan par un terrain couvert de bois touffu. Il se rejoint presqu'au milieu de l'estampe, pour s'étendre jusqu'au bord inférieur de la planche où il gagne un peu vers la gauche. La rive droite est garnie de quatre arbres très hauts, plantés à distances presqu'égales. Quatre autres arbres, pareillement très hauts, mais à troncs recourbés, ainsi qu'un saule, s'élèvent à gauche sur la rive opposée. Le devant de ce même côté offre la vue d'un chasseur qui, le genou en terre, couche en joue une pièce supposée dans les joncs. Un grand chien canard en action est couché à côté de lui. Un large chemin commençant de l'endroit où le

chasseur se trouve, conduit vers le fond dans le bois.

85. *Le chasseur aux lièvres.*

3) Sur la gauche est une colline assez haute qui s'incline vers la droite et en avant jusqu'au bord inférieur de la planche. Son sommet est garni d'un bouquet de huit arbres, au pied desquels un chemin tournoyant descend jusques sur le devant. On y voit une femme portant un panier sur la tête, et un autre au bras. Au milieu de l'estampe un chasseur qui monte la colline, porte sur l'épaule son fusil où pend un lièvre. Il est suivi de deux grands lévriers qu'il tient en lesse; un troisième court devant lui. Dans le fond à gauche, au haut de la colline, il s'en élève une autre qui est surmontée d'arbres et garnie, au bas, d'arbrisseaux touffus. Au coin de l'estampe, à droite, paroît un nouveau chemin qui se tire vers le fond; il est bordé à droite d'une petite hauteur couverte de différens arbres et arbustes à travers lesquels on apperçoit le toit d'une maison. Le lointain présente la vue d'une rivière et de quelques montagnes.

86. *Le crépuscule au bois.*

4) On voit à gauche une legère colline qui descend doucement jusqu'au milieu de l'estampe. Un large chemin qui commence au devant de la gauche, s'élève sur cette colline, au haut de laquelle un arbre entouré de buissons garnit le bord de l'estampe. Du côté opposé est un groupe de trois arbres plantés en triangle, dont les cimes atteignent le bord supérieur de la planche. Entre ces deux parties d'arbres un homme monté à cheval s'avance dans le bois. On remarque un autre homme au pied de la colline; il a le dos chargé d'un paquet, et s'accroupit comme pour satisfaire un besoin. Sur le devant à droite, est une pièce d'eau qui s'étend jusqu'au milieu de l'estampe en largeur. Au delà se montre un bois agréable, séparé par un chemin qui tournoye en avant jusqu'à l'eau. Au bas de la droite, est marqué le monogramme composé des lettres A et W.

87. *Les baigneurs.*

5) Toute la largeur du devant est occupé par un ruisseau, sur le bord duquel, à la droite de l'estampe, s'élève une col-

line surmontée d'arbres. Au pied de cette colline, un large chemin descend jusqu'au ruisseau ; il est bordé de buissons qui suivent sa direction jusqu'au bord gauche de l'estampe. Près d'eux s'élève, vers la droite, un bouquet de quatre arbres ; deux autres arbres plantés l'un près de l'autre, sont vers la gauche au bord de l'eau. Presqu'au milieu de l'estampe, on apperçoit sur le chemin deux baigneurs qui s'essuyent ; un troisième est assis sur le bord en deçà, et le quatrième nage. Le fond représente la vue d'une ville.

88. *La famille en repos.*

6) Cette estampe représente un bois clair ; on y voit un large chemin qui conduit du devant de la gauche vers la droite du fond. Ses bords exhaussés des deux côtés sont composés de plusieurs petites collines garnies de verdure en quelques endroits. L'une d'elles, au milieu de l'estampe, est ornée de deux beaux arbres plantés l'un près de l'autre. Près d'eux, vers la gauche, est un endroit ouvert, et un peu plus vers le fond, une partie du bois clair. Sur le devant à gauche, au

bord du chemin, est une famille de voyageurs qui se reposent. La mère appuyée
contre une colline et assise à terre, donne
le sein à son enfant. Le mari assis à sa
gauche, a un grand paquet placé derrière
lui. A sa droite, un jeune garçon vu par
le dos est debout. On apperçoit une autre
femme dans le fond, sur le grand chemin;
elle porte un bâton, et mène un enfant
par la main. Au haut de la gauche est
écrit: *A. Waterlo fe.*

89 - 94. SUITE DE SIX ESTAMPES.

Largeur : 7 pouces, 8 à 9 lignes. Hauteur: 4 pouces .

4 à 6 lignes.

89. *Les deux chemins au ruisseau.*

1) On voit sur le devant un ruisseau
assez large qui s'étend du bord droit sur
plus des deux tiers de l'estampe. Le pays
au delà est élevé, et devient du côté droit
une montagne qui, dans le, lointain, ac-
quiert une élevation considérable. Cette
montagne est entrecoupée et couverte de
verdure en plusieurs endroits. Un large
chemin qui en descend, conduit au ruisseau vers la droite. On y voit un homme

qui porte un paquet sur le dos, et qui est accompagné d'un chien. A la gauche de ce chemin, presqu'au milieu de l'estampe, s'élève une colline garnie de buissons, d'entre lesquels sortent deux arbres légers et peu feuillus. Près de cette colline, un autre chemin, mais plus étroit, conduit à l'eau, en se dirigeant pareillement vers la droite. Le lointain à gauche offre la vue de plusieurs champs terminés, dans le plus grand éloignement, par une chaîne le légères montagnes. Au haut de la gauche est écrit: *Antoni Waterlo f.*

90. *Vue d'une ville de la Hollande.*

2) Ce morceau représente la vue d'une ville de la Hollande. Elle est sur le plan mitoyen, et s'étend du bord gauche jusqu'au milieu de l'estampe. On y remarque une église avec un haut clocher d'une architecture gothique, couvert d'un petit toit rond en forme de dôme, et surmonté d'une croix. Tout l'intervalle entre la ville et le bord inférieur de l'estampe est rempli par des champs ouverts. Au milieu du devant, dans un chemin, on voit un homme qui porte un fardeau sur sa tête. Le long de

la ville et de son territoire est un large canal, au delà duquel s'ouvre la vue d'un pays plat d'une vaste étendue, entrecoupé par plusieurs canaux. On lit au haut de la gauche : *A. W. ex.*

On a de mauvaises épreuves de cette planche, où les buttes aux deux côtés du chemin qui est au devant, près des champs, sont retouchées au burin.

91. *Le village au bord du canal.*

3) On voit au devant de ce morceau un canal qui s'étend sur toute la largeur de la planche. Au bord en deçà dont on ne voit qu'une étroite partie, un homme et une femme debout causent ensemble ; une seconde femme est assise à terre auprès. Un peu plus vers le milieu on voit un pêcheur à la ligne. Le long du bord opposé du canal est un village garni de beaucoup d'arbres. Au delà du village est un pays plat qui s'étend dans le plus grand éloignement, et qui fournit la vue de champs, villages, jardins, moulins à vent, canaux et ruisseaux diversement distribués. Les lettres *A. W. ex.* sont marquées au haut de la gauche.

Les épreuves dans lesquelles le bord du canal qui est en deçà, se trouve retouché au burin, sont mauvaises.

92. *Le village sur la colline.*

4) Au milieu de ce morceau, sur le devant, s'élève un grand arbre isolé dont la cime atteint presque le bord supérieur de la planche. Le terrain à l'entour est raboteux et garni de buissons en quelques endroits. Il fait le bord d'une rivière qui, venant de la gauche, coule en largeur jusqu'au milieu, et de là serpente dans le lointain. A la droite de l'estampe, s'élève une colline, du haut de laquelle un large chemin descend jusqu'à la droite du bas de la planche. On y voit une figure qui marche vers l'eau. Au sommet de la colline est un village. Le bord opposé de la rivière est garni de verdure, au delà de laquelle s'ouvre la vue d'un vaste pays où l'on apperçoit un moulin à vent dans le plus grand éloignement. On lit au haut de la gauche: *Antoni Waterlo f.*

93. *Le village dans la vallée.*

5) On voit sur le second plan de ce mor-

ceau un petit village garni de beaucoup d'arbres, et situé en largeur. La terrasse première est un terrain inculte qui remplit toute la largeur de l'estampe. A gauche, tout au devant, on distingue une levée de terre qui se tire vers le village, et qui porte un mur fortifié par deux tours rondes. A droite, au delà du village, s'élève une montagne labourée. Toute l'autre partie de l'estampe offre la vue d'un pays plat d'une vaste étendue, garni de plusieurs villages, et entrecoupé de différens canaux et rivières. On lit au haut de la gauche : *A. W. ex.*

Il y a de mauvaises épreuves de cette planche, dans lesquelles la petite colline, qui est la plus ombrée, et qui se trouve au milieu du devant, est retouchée par des traits de burin tracés en travers.

94. *Le moulin à eau, au pied d'une montagne.*

6) Sur la gauche de cette estampe, un moulin est situé en largeur, sur un ruisseau qui coule jusqu'au bord inférieur de la planche, et s'y repand depuis le coin gauche jusqu'au milieu. Plusieurs arbres

touffus s'élèvent derrière le moulin, et à une petite distance, vers le milieu de la planche, se font remarquer deux autres arbres à longues tiges, placés l'un près de l'autre. On voit un homme portant un bâton sur l'épaule, sur un large chemin qui conduit du milieu du fond jusqu'au devant à droite. Ce chemin est bordé à droite de quelques buttes garnies et entrecoupées d'arbres et de buissons. Au delà du moulin, est un terrain fort élevé qui s'étend du côté gauche sur plus des trois quarts de l'estampe, et qui est escarpé du côté droit. Il est assez plat, et l'on y remarque, à gauche, un champ, et à droite, plusieurs arbres et arbrisseaux isolés. Vers le fond à gauche, s'élève une montagne au pied de laquelle on apperçoit une maison entourée d'arbres. On lit au haut de la gauche : *Antoni Waterlo f.*

95 - 106. SUITE DE DOUZE ESTAMPES.

Largeur : 7 pouces, 6 à 9 lign. Hauteur : 5 pouces, 5 à 9 lign.

95. *La place devant l'auberge.*

1) On voit sur la gauche de cette estampe une auberge sous la porte de la

quelle une femme debout semble parler
à un homme et à une femme assis sur un
banc près de la porte. A commencer de
ce banc, un verger entouré d'une haie et
s'étendant en largeur va gagner le chemin qui serpente du fond à droite jusqu'au
devant de ce même côté. Derrière ce jardin, s'élèvent de vieilles murailles qui, à
en juger par deux hautes tours carrées,
semblent être les restes d'un grand château. Vers le milieu de l'estampe, sur un
terrain élevé qui est devant le jardin, on
voit cinq hommes dont trois sont assis à
terre et deux debout; un de ces derniers
est enveloppé d'un manteau. Sur le devant à gauche, une vieille assise à terre,
ayant un enfant auprès d'elle, parle à un
homme qui est debout vis-à-vis, appuyé
sur un bâton. Un autre homme est assis
derrière elle, et un troisième est couché
sur le ventre.

96. *La ville ruinée.*

2) Cette estampe représente la vue
d'une ville dont les maisons sont les unes
endommagées, les autres presque ruinées.
L'endroit ouvert, sur le devant, semble

être le terrain d'un bâtiment considérable qui le remplissoit autrefois, si l'on
en juge par les restes de plusieurs voûtes
couronnées de buissons. Devant celle qui
est à gauche, et près de laquelle on apperçoit une fontaine, quatre hommes s'occupent à déranger une grosse pierre. Une
femme portant un panier sur la tête, et
conduisant un enfant par la main, marche
vers cette voûte. Un berger fait sortir son
troupeau de moutons d'une autre voûte
qui est vers le milieu de l'estampe. On
voit sur le devant à droite une petite maison prés de laquelle s'élèvent deux arbres. Au pied d'un de ces arbres, est assis un homme parlant à un muletier qui
est debout devant lui. Au haut de la
gauche est écrit : *Antoni Waterlo f.*

97. *Les deux ponts.*

3) Sur une hauteur à gauche, est un
village qui s'étend jusqu'au milieu de l'estampe, d'où un ruisseau coulant entre des
rochers se repand en avant jusqu'au bord
inférieur de la planche. Au coin d'une maison qui est la plus avancée vers le spectateur, un large escalier ouvert conduit à

la porte basse du rivage. Au bas de l'escalier, une femme assise à terre parle à un homme qui est debout devant elle. Près de ces deux figures qui sont accompagnées d'un chien, un petit pont de bois traverse le ruisseau. Un peu plus vers le fond, et en ligne parallèle, est un autre pont, mais de pierre, d'un seul arche, et sur lequel on apperçoit une figure. Trois arbres, à la suite l'un de l'autre, et dont les cimes atteignent le bord supérieur de la planche, s'élèvent sur le devant à droite. Dans le fond, entre ces trois arbres et le bord droit de l'estampe, on voit sur le chemin qui conduit au pont, un homme faisant marcher un âne chargé. Au haut de la gauche est écrit; *Antoni Waterlo in. et fe.*

98. *Les voyageurs au bord du grand chemin.*

4) A la droite de l'estampe, sur le deuxième plan, s'élève un rocher escarpé, surmonté d'un vaste bâtiment carré qui ressemble à un petit fort. Au pied de ce rocher, à l'endroit où il forme un angle saillant, deux chûtes d'eau tombent dans un torrent qui coule en avant jusqu'au bord

inférieur de la planche. Au milieu de l'estampe, sur la rive opposée, s'élève une colline couverte de buissons. Vers la gauche,
un large chemin serpente du fond jusqu'au
devant où il s'élargit. Sur le bord de ce
chemin, une femme est assise près d'un
homme qui a un grand panier et un long
bâton à côté de lui. On voit à quelque distance un autre homme qui, suivi de son
chien, se dirige vers le fond où se présente la vue d'un lointain composé de légères montagnes. Le devant à gauche est
orné de deux grands arbres dont l'un ne
laisse voir qu'une partie de son tronc. On
lit au haut de la gauche : *Antoni Waterlo
in. et fe.*

99. *L'allée naturelle.*

5) Sur la gauche est une colline qui s'é-
tend vers la droite sur plus de la moitié
de la planche. Elle est garnie des deux côtés d'un bois formant une allée naturelle,
qui conduit en droite ligne du haut en bas,
jusqu'au bord inférieur de la planche. Dans
cette allée, à l'endroit le plus élevé, marchent deux hommes dont l'un porte un
bâton sur l'épaule, l'autre un paquet sur
le dos. On voit à droite une rivière qui

du devant coule vers le milieu, et dont
les bords sont richement garnis d'arbres
et d'arbrisseaux touffus.

100. *La grande porte.*

6) Cette estampe représente un espace
ouvert à l'entrée d'un village. Le terrain
en est très raboteux et couvert en plusieurs endroits d'arbres et de buissons.
Sur le devant s'élève un arbre de haute
futaye, peu feuillu, dont la cime monte
jusqu'au bord supérieur de la planche. Le
deuxième plan, à gauche, offre une maison située sur une petite hauteur où l'on
arrive par un escalier découvert. Cette
maison communique par un mur épais,
au milieu duquel une grande porte ouverte est ménagée, avec une autre maison qui se tire en largeur vers la droite de
l'estampe. Au dessous de la grande porte,
sont debout un homme et une femme qui
causent ensemble. Une autre femme portant un vase sur la tète se voit au haut
de l'escalier. On apperçoit beaucoup d'arbres dans le fond, au delà du mur et de la
grande porte. On en distingue un particulièrement qui est élevé et isolé. C'est

dessous cette même porte que vient un chemin qui se divise à droite et à gauche pour se prolonger jusqu'au bord inférieur de la planche. Au bord de ce chemin à gauche, vers le devant, s'élève une petite colline, au pied de laquelle on remarque une femme assise à terre, et un homme debout avec son chien. Quelques bouquets d'arbres surmontent la colline.

101. *Les deux ponts de pierre.*

7) On voit sur la gauche un mur élevé, le long duquel une rivière venant du fond coule jusqu'au devant, où elle s'étend sur toute la largeur de la planche. Dans ce mur est pratiquée une porte de ville, à laquelle un grand pont de pierre conduit du bord opposé de la rivière. Ce pont consiste en deux arches dont celle à droite est tombée en ruines, et suppléée par un autre pont de bois, qui communique du bord droit jusqu'au pilier de pierre qui est au milieu. On voit sur cette partie du pont deux hommes à cheval, suivis d'un jeune garçon qui tient un bâton. Vers le devant à droite, s'élève une espèce de bastion de forme arrondie qui détermine celle

d'un chemin pratiqué en pilotis, au delà
duquel on apperçoit, dans l'éloignement,
un second pont de pierre de plusieurs
arches dont trois seulement sont visibles.
Au delà de ce pont paroissent quelques
maisons et une montagne.

102. *Le troupeau près du pont de
pierre.*

8) Au milieu de ce morceau est un pont
de pierre de deux arches. Il traverse une
rivière qui coule vers le bas de la gauche.
Sur le bord de cette rivière, au milieu du
devant, un homme debout parle à deux autres qui sont assis contre deux troncs d'arbre étendus à terre. Un pâtre fait marcher
quatre vaches et un mouton vers le pont
près duquel s'élèvent deux arbres placés
l'un près de l'autre. Sur le devant à droite
s'élève un rocher très escarpé, surmonté
de différens arbres et arbrisseaux. Au bord
opposé de l'eau, sont deux petites maisons
jointes par un mur auquel une porte est
pratiquée. Beaucoup d'arbres touffus remplissent presque la moitié de l'estampe
derrière ces maisons. On lit au haut de
la gauche : *Antoni Waterlo in. et fe.*

103. *Le moulin dans le bois.*

9) Sur la gauche de cette estampe s'élève une colline couverte de bois qui s'étend à droite jusqu'au milieu de la planche, et qui s'incline doucement vers le devant. Au delà de cette colline, un ruisseau qui au milieu de l'estampe force une écluse, coule en avant jusqu'au coin à droite. De ce même côté est un moulin entouré de beaucoup d'arbres. On apperçoit une figure à la porte, et près de celle-ci est un petit escalier de deux dégrés. Un pont de bois conduit de cette porte à la colline opposée, et couvre la roue du moulin. Sur le devant à gauche, un homme charge des fagots sur son âne, et un autre est occupé à ramasser quelque chose. Un peu plus vers le milieu, sont deux chiens qui jouent ensemble. On lit au haut de la gauche : *Antoni Waterlo in, et fe. et ex.*

104. *Le fauconnier et le chasseur.*

10) On voit au milieu de ce morceau une hauteur d'où un chemin descend à gauche jusqu'au bord inférieur de la planche. Sur ce chemin, presqu'au devant de l'estampe, marchent un fauconnier et un chasseur

accompagnés chacun d'un lévrier. Vers la droite, un torrent qui fait une chûte d'eau au bas de la hauteur, se repand jusqu'au bord inférieur de l'estampe. Au haut de la gauche est écrit : *Antoni Waterlo in. et fe.*

105, *Le repos des deux chasseurs.*

11) Presqu'au milieu de l'estampe, dans un endroit ouvert, s'élèvent trois grands arbres qui se suivent et dont les couronnes se repandent presque sur toute la largeur de la planche. Vers le fond à gauche, une hutte est en dedans d'une haie dont la porte termine un chemin qui vient du bord inférieur de l'estampe, et près duquel, au pied d'un des trois grands arbres, deux chasseurs qui semblent se reposer, sont assis à terre. Un chien couché près de l'un d'eux semble être agacé par un autre qui est au milieu du chemin. À la droite de l'estampe, un ruisseau coule du milieu jusqu'au coin du devant. Sa rive au delà est garnie d'arbres et d'arbrisseaux touffus, d'entre lesquels sort, vers le milieu, le toit d'une chaumière, et vers la droite du fond, un clocher.

106. *Le bout du bois, et le village sur la hauteur.*

12) On voit sur le devant, vers le mi-lieu de l'estampe, deux arbres plantés l'un près de l'autre, sur une butte où une souche se fait aussi remarquer. Un tor-rent qui coule du fond au delà de la butte, se repand jusqu'au coin bas de la droite. A gauche, un chemin conduit d'un creux jusqu'au devant, en se tirant pareillement vers la droite. Un homme qu'on ne voit qu'à mi-corps, s'avance, et derrière lui on apperçoit du bétail qui n'est que confu-sément exprimé. Sur le bord du chemin, au bas de la butte, deux femmes sont as-sises à terre et accompagnées d'un chien. Le côté droit de l'estampe offre un pays couvert de collines douces qui, vers le lointain, produisent une montagne au sommet de laquelle est situé un village richement garni d'arbres. On apperçoit un petit troupeau de moutons dans un prè en avant du village, ainsi que deux figures dans un chemin qui conduit au creux dont on a parlé. On lit au haut de la gauche : *Antoni Waterlo in et fe*

107-112. SUITE DE SIX ESTAMPES.

Largeur: 10 pouces, 4 à 6 lignes. Hauteur: 8 pouces.

107. *L'entrée dans la forêt par le petit pont de bois.*

1) On voit au milieu de ce paysage un ruisseau qui coule vers le devant où il se repand sur toute la largeur de la planche. Un petit pont de bois qui n'a de garde-fou que d'un seul côté, conduit du bord droit de l'eau au bord gauche où il est fermé par une porte de planches. Sur ce dernier bord, tout au devant, et près du bord gauche de l'estampe, se voit le tronc d'un grand arbre, et un peu plus vers le fond, s'élèvent deux grands arbres isolés dont les cimes surmontent le bord supérieur de la planche. Au delà est un bois enfermé par une haie. Le long de la rive opposée de l'eau, un large chemin conduit vers la droite en avant. Il est richement garni de beaucoup d'arbres de différentes espèces, entre lesquels des toits de maisons se font appercevoir çà et là. Dans le milieu du lointain, se présente un village, et dans le plus grand éloignement, s'élève une montagne qui se tire en lar-

geur vers la droite de l'estampe. Dans la marge du bas, à gauche, est le chiffre 1, et à droite est écrit : *Antoni Waterlo fe*.

On a de cette planche de mauvaises épreuves où le tronc d'arbre à gauche, près du bord de l'estampe, est entièrement retouché.

108. *Les parties de bois nouvellement coupées*.

2) Sur la droite du devant, près du bord de la planche, sont trois grands arbres serrés près l'un de l'autre, dont les cimes dépassent le bord supérieur de la planche. A quelque distance, se voit une partie de bois qui dénote une coupe nouvellement faite, et qui est renfermée d'une haie. Une autre partie semblable, pareillement entourée d'une haie, se trouve vers le devant à gauche. Un large chemin qui sort de derrière la première partie de bois, se tourne vers le devant où il s'étend sur toute la moitié gauche du bas de l'estampe. Une troisième partie de jeune bois, enclos comme les deux autres, se montre sur le troisième plan, à l'ouverture que laissent les deux premières. Au bas de la

planche, hors de la marge, est le numéro
2, et à droite est écrit : *Antoni Waterlo fe.*

109. *L'homme et la femme traversant le ruisseau.*

3) Ce morceau représente une colline
qui s'incline doucement jusqu'au bord inférieur de l'estampe, en se tirant vers la
droite, où se trouve un ruisseau qu'un
homme et une femme traversent à gué,
en se dirigeant vers le devant. L'homme
qui porte un paquet sur le dos, releve sa
culotte sur ses genoux, et la femme porte
sa juppe retroussée. Un chien les accom-
pagne. A la direction de ces figures, un
homme qui met ses bottes, est assis sur
le bord de l'eau. Sur le devant à gauche
s'élèvent, l'un près de l'autre, deux grands
arbres dont les cimes outrepassent le bord
supérieur de la planche. Plus loin, sur la
partie éminente de colline, est un champ
de bled bordé d'une haie. Au bas de la
colline, où le bord de l'eau forme un angle, est une souche, et un peu plus vers
le fond, presqu'au milieu de l'estampe,
s'élève un bel arbre isolé. Au delà du
champ, paroit une partie de bois qui se

tire un peu vers la droite du fond. Le lointain, du côté du ruisseau, offre une suite d'arbrisseaux touffus qui se tirent vers le milieu du fond, et d'entre lesquels s'élève le toit d'une maison et deux arbres. On lit dans la marge du bas, à gauche, le chiffre 3, et les mots : *Antoni Waterlo fe.*

110. *Le paysan avec la pelle.*

4) On voit sur la droite une partie de différens arbres, censée être le commencement d'un bois épais. Ces arbres s'étendent vers la gauche jusqu'au milieu de l'estampe, et les plus avancés sont si élevés que leurs couronnes passent le bord supérieur de la planche. Sur le deuxième plan, tout au milieu de l'estampe, un paysan debout et vu par le dos, parle à un berger négligement couché à terre devant lui. Il tient une pelle de la main droite, et fait signe de l'autre vers le fond à gauche. On voit autour de ces deux hommes quatre moutons qui paissent. Un peu plus vers le fond, s'élève une petite colline, orné de trois saules, entre lesquels on apperçoit un mouton. Au delà de cette colline, une haie se tire du bord

gauche de la planche vers la droite où
elle se perd dans le fond. Par une barrière
qui est ménagée à cette haie vers le côté
gauche, un chemin conduit presqu'en
ligne droite au devant où il se divise à
gauche et à droite. Au delà de la barrière,
dans le fond à gauche, paroit une chaumière entourée d'arbres et d'arbrisseaux.
Dans la marge du bas est, à gauche, le
chiffre 4, et à droite on lit : *Antoni Wa-*
terlo fe.

111. *Le voyageur en repos dans la forêt.*

5) Sur le devant à gauche s'élève un
grand arbre peu feuillu, dont la tête dépasse le bord supérieur de la planche. Il
est entouré de quelques arbustes dont les
tiges se serrent contre son tronc. On voit
dans le lointain de ce côté un ruisseau qui
coule en avant jusqu'au bord inférieur de
la planche. Au milieu de l'estampe, sur
un angle saillant du bord de l'eau, sont
trois saules dont celui du milieu a plus
de feuilles que les deux autres. Au delà
de ces trois saules, on remarque sur le
bord de l'eau, qui est un peu élevé, un
large chemin qui conduit en avant à droite

jusqu'au coin inférieur de la planche. Au bord de ce chemin, sur le devant de l'estampe, un voyageur est assis, ayant un paquet sur le dos, et tenant un long bâton. Son chien se repose vis-à-vis de lui. A quelque distance un bel arbre isolé s'élève sur le bord de l'eau. Encore un peu plus vers le fond, on apperçoit, à mi-corps, un autre homme dirigeant ses pas vers la forêt qui s'étend sur toute la largeur de l'estampe, en se tirant vers le fond à gauche. On lit dans la marge du bas, à gauche, le chiffre 5, et à droite, les mots : *Antoni Waterlo fe.*

112. *Les deux hommes dans le creux.*

6) Sur le côté droit est une hauteur de laquelle un chemin descend, en se tirant vers la gauche. Ce chemin est enveloppé de bois touffus qui, vers le haut de la droite, font supposer une épaisse forêt. A peu-près à la moitié de la descente est un creux pratiqué en largeur, dans lequel on apperçoit deux hommes qui descendent le chemin. L'un est vu à mi-corps, l'autre ne paroît qu'en buste. Sur le devant à droite est une petite pièce d'eau. Le fond

à gauche offre la vue d'un pays ouvert, entrecoupé de plusieurs parties de bois. Une ville paroît dans le lointain. Dans la marge du bas est écrit, à droite: *Antoni Waterlo fe.*, et à gauche est le numéro 6.

113-118. SUITE DE SIX ESTAMPES.

Largeur: 10 pouces, 2 à 8 lignes. Hauteur: 8 pouces, 3 à 5 lignes.

NB. *Ces six planches ont été entièrement retouchées à l'eau-forte, après avoir été fort usées.*

113. *Le grand tilleul devant l'auberge.*

1) Sur le second plan, presqu'au milieu de l'estampe, est une auberge adossée contre une partie d'arbres et d'arbrisseaux renfermés par une haie qui se tire en largeur depuis un des coins de la maison jusqu'au bord droit de l'estampe. A quelque distance, et en avant de cette haie, vers la droite, deux tilleuls plantés l'un près de l'autre s'élèvent de beaucoup sur le bois qui est derrière eux. Un autre tilleul est isolé vis-à-vis de l'auberge, presqu'au milieu de l'estampe. Le bas de son tronc est entouré d'un banc où un homme portant un paquet sur le dos,

est assis. Un autre homme, pareillement chargé d'un paquet, entre dans l'auberge. Un cavalier, et à côté de lui, un garçon à pied, se dirigent vers le fond, sur un chemin qui conduit du fond vers la droite du bas de l'estampe, en passant entre l'auberge et le tilleul isolé. Sur le devant, vers le milieu de l'estampe, on voit une souche sur le bord du chemin, et à droite, deux troncs d'arbre étendus à terre l'un à côté de l'autre. On distingue dans le lointain à gauche un petit village garni d'arbres, et au delà, dans le plus grand éloignement, est une chaîne de légères montagnes. Dans la marge du bas, à gauche, est écrit : *Anthonius Waterloo invenit et fecit.* A droite est marqué le numéro 1.

114. *La paysanne et la fille sur le petit pont de bois.*

2) Au milieu de ce paysage, sur le second plan, est une petite colline, surmontée de deux arbres plantés l'un près de l'autre. Au pied de ces arbres, une femme est assise vis-à-vis d'un homme qui a un paquet sur le dos, et qui tient un long bâton à la main. A gauche, un ruisseau ve-

nant du fond, et faisant une chûte, coule jusqu'au coin inférieur de l'estampe. Il est traversé par un petit pont de bois, sur lequel une paysanne portant un panier sur le dos, et suivie de sa petite fille, marche vers la colline. Le bord à gauche est un bois touffu qui, garnissant tout le fond où il s'éclaircit peu à peu, arrive jusqu'à la droite de l'estampe, où commence un chemin qui, passant le long de la colline, se partage à droite et à gauche jusqu'aux deux coins du bas de l'estampe. On lit dans la marge à gauche : *Antoni Waterlo fe. et inv.*, et à droite, le numéro 2.

115. *Le chemin à travers du bois.*

3) Ce morceau représente un bois ouvert dans le milieu duquel un chemin conduit, en serpentant, du fond jusqu'au bord inférieur de la planche. Sur le devant à gauche, deux très grands arbres qui se touchent, ne laissent voir que les deux tiers de leur hauteur. Deux autres arbres, pareillement très grands, mais peu feuillus, sont isolés sur le deuxième plan. Plus loin encore, une partie de bois touffu s'étend en largeur jusqu'au bord du chemin.

Sur le devant à droite est un marais au delà duquel s'élèvent deux arbres bien garnis. Cinq à six autres sont plantés à différentes distances sur les plans plus éloignés, et le fond est aussi terminé, de ce côté, par un bois épais et sombre. On voit, vers le devant, un homme portant sur le dos un paquet suspendu à son bâton; il marche dans le creux du chemin. Deux autres figures peu distinctement exprimées traversent le chemin dans le lointain. On lit dans la marge à gauche : *Anthonius Waterloo invenit et fecit*, et à droite, le numéro 3.

116. *La ferme au bord de l'eau.*

4) On remarque sur la gauche de cette estampe une maison au milieu de plusieurs arbres enfermés par une haie à laquelle une grande porte est pratiquée. Une rivière vient de la gauche du fond, et s'étend vers le devant où elle remplit toute la largeur de l'estampe. Sur sa rive à droite, qu'on ne voit qu'en partie sur le devant, est un arbre tronqué et peu feuillu. Sur le bord opposé, deux grands arbres plantés l'un près de l'autre s'élèvent presque

jusqu'au bord supérieur de la planche. Un
groupe composé de deux arbres semblables et de deux saules paroît plus loin,
sur la pointe de terre où la rivière fait
un coude, et à quelque distance de ce
groupe d'arbres, on voit, dans un petit
bateau, un homme qui pêche à la ligne.
Le fond au delà de l'eau est un pays plat
qui se termine, à droite, par la vue d'un
village. Dans la marge du bas est écrit, à
gauche : *Anthonius Waterloo invenit et fecit;* et à droite se trouve le numéro 4.

117. *Le cavalier près de la haie.*

5) On voit sur la gauche de ce morceau
un champ de bled. Au milieu de l'estampe,
sur le second plan, s'élève un grand arbre
entre deux autres un peu plus éloignés.
Le terrain où ces arbres se trouvent, est
bordé, vers le fond, par une partie de
bois touffu, et en avant, par une haie
qui, en ligne parallèle avec le champ, fuit
vers la droite du fond, où une grande porte
ouverte est pratiquée. Près de cette porte
un homme à cheval suit un large chemin
qui va le long de la haie jusqu'au bord
inférieur de la planche où il s'étend sur

sur toute sa largeur. Sur le devant à droite, sont accouplés deux grands arbres dont les cimes dépassent la hauteur de la planche. Le fond à gauche offre une ligne d'arbres et d'arbrisseaux, au dessus desquels l'horizon est plat. Dans la marge du bas est écrit, à gauche : *Antonius Waterlo inventor et fecit*, et à droite, le numéro 5.

118. *Le berger endormi sur le monticule.*

6) Sur un endroit ouvert, à la droite de l'estampe, s'élève un bel arbre divisé en deux tiges. A la hauteur de cet arbre, et sur le même terrain, descend une haie qui aboutit au milieu de l'estampe. Là se présente un léger monticule sur la pente duquel on voit un berger endormi, et ses moutons qui paissent, à quelque distance, un peu plus vers la gauche. Au delà de ce monticule, dans le fond, est un champ déjà moisonné, à l'exception d'une petite partie. Il est terminé par un bois touffu qui se tire sur toute la largeur de l'estampe. Vers le devant à gauche est un arbre isolé, à haute tige, près duquel un chemin conduit depuis le champ jusqu'au milieu du bord inférieur de la planche.

Dans la marge du bas, à gauche, est écrit: *Antonius Waterlo inventor et fecit*, et à droite se trouve le numéro 6.

PIÈCES EN HAUTEUR.

119-124. SUITE DE SIX ESTAMPES.

Largeur: 10 pouces, 6 lignes. Hauteur: 8 pouces, 7 à 9 lignes.

119. *Le moulin.*

1) On voit à la droite de ce morceau un moulin couvert de chaume, et entouré d'arbres. L'endroit du rivage où il est situé, est revêtu d'un mur, au bas duquel la roue est pratiquée. Deux gros saules sont plantés l'un près de l'autre devant le moulin. En avant, et joignant le bord de la planche, sur une butte garnie de plantes variées, s'élève un grand arbre dont la cime atteint le bord supérieur de la planche. Le ruisseau qui fait mouvoir la roue du moulin, coule du milieu vers le devant de la droite. Son bord à gauche, exhaussé vis-à-vis du moulin, s'abaisse vers le devant, où il est orné de differen-

tes plantes. Dans le haut, près du bord
de la planche, est un saule dont le tronc
sert de colonne à une petite chapelle en
bois. A côté de cet arbre, on voit s'avancer une paysanne dont la tête est couverte
d'un grand chapeau rond. Elle est accompagnée d'un jeune garçon qui tient un bâton à la main. On voit au delà de ces figures, dans le lointain, un moulin à vent
au sommet d'une colline, et quelques maisons entourées d'arbres. Au bas de la droite
est écrit : *A. Waterlo fecit.*

Ce morceau est un des plus rares de
l'oeuvre de Waterlo.

120. *Le chien buvant dans le ruisseau.*

2) La partie droite de ce morceau est
occupée par un bois touffu dont les arbres
les plus avancés s'élèvent au dessus du
bord supérieur de la planche. Un chemin
cotoyant ce bois conduit du milieu du
fond à un ruisseau qui remplit au devant
presque toute la largeur de l'estampe. Le
bord de ce chemin est à gauche garni d'arbrisseaux, d'entre lesquels sort un grand
arbre dont la couronne est confondue avec
celles des arbres opposés. Sur le devant

à gauche, un paysan assis au bord de l'eau se lave les pieds. A sa droite, un autre debout est appuyé sur son bâton, et à sa gauche, un grand chien boit dans le ruisseau. On lit au haut de la gauche : *A. W. in. et f.*

121. *Le petit bossu.*

3) Sur la gauche de ce morceau est une montagne couverte de bois, et très escarpée du côté droit. Vers le devant, près du bord gauche de l'estampe, s'élève un gros arbre entouré de broussailles, d'herbes et de branches sèches. Plus loin, et un peu plus vers la droite, on voit deux grands arbres plantés l'un devant l'autre. Entre ces deux arbres et celui dont on a parlé plus haut, un chemin conduit fort avant dans le bois où l'on apperçoit une figure dans un creux. L'escarpe de la montagne est baignée par un ruisseau qui s'élargit au bas de la planche. On ne voit du bord en deçà qu'une petite partie qui fait le devant à droite. Elle est garnie de deux arbustes. Au delà s'élève une espèce de colline d'où un petit pont de bois conduit à la montagne. Sur ce pont, un petit homme bossu, couvert d'un chapeau rond, et en-

veloppé d'un manteau, marche vers le chemin qui s'enfonce dans le bois. Il est précédé d'un chien qui court, et suivi d'un jeune garçon qui porte un paquet sous le bras. Au dessous du pont, l'eau fait une petite chûte. Le lointain à droite est composé d'un pays entrecoupé de bois, dont la vue se perd dans le plus grand éloignement. Au milieu du bas est écrit : *A. W. inventor et fecit.*

122. *La mère et ses trois enfans en repos.*

4) Ce morceau représente un chemin près d'un village qui est à gauche, entouré d'une haie, en dedans de laquelle on voit des arbres de différentes espèces et grandeurs, parmi lesquels on en remarque deux dont l'élevation est considérable. Ils sont plantés au bout du village. Au delà d'une barrière pratiquée à la haie, près du bord gauche de la planche, deux paysans vus par le dos, ont l'air de causer ensemble. Une autre barrière se voit à droite. Elle ferme le chemin qui conduit jusqu'au devant, où il s'étend sur presque toute la largeur de la planche. Au bord de ce chemin, vers la droite, est assise à terre une

femme vue par le dos, ayant derrière elle un paquet contre lequel son bâton est appuyé. A sa gauche, un petit enfant est dans une hotte, et à sa droite, un jeune garçon est assis à terre ; un autre qui est devant elle, regarde dans son tablier qu'elle tient ouvert. Dans le coin du bas de la droite sont marquées les lettres : *A. W. f.*

123. *Les deux voyageurs en repos dans le bois.*

5) Sur le second plan, près du bord droit de la planche, s'élève un grand arbre dont la cime monte au delà du bord supérieur de la planche. Un autre, d'une pareille proportion, est vis-à-vis du premier, vers le milieu de la planche. Un chemin qui monte de la vallée du fond, commence à s'incliner près de ces deux arbres, entre lesquels sa pente se dirige jusqu'au devant où il tourne vers la droite. Du côté opposé, ce chemin est bordé de différens arbres et arbrisseaux touffus, près l'un desquels s'entretiennent deux hommes assis à terre. Entre les deux grands arbres un homme à cheval, enveloppé de son manteau, et venant de la

vallée, est prêt à atteindre le point élevé du chemin. Il est précédé de deux chiens de chasse accouplés. Au haut de la gauche sont les lettres *A. W. f.*

124. *Le petit pont traversant le ruisseau.*

6) Ce paysage représente un ruisseau dont les bords sont richement garnis d'arbres et d'arbrisseaux. Venant du milieu du fond, il coule à gauche et à droite, et remplit toute la largeur du devant. A l'endroit où son lit est le plus étroit, un petit pont de bois communique d'un bord à l'autre. A droite, tout près de l'eau, est un arbre rabougri, divisé en deux tiges dont le feuillage est maigre. Au delà, il s'en élève trois autres dont les cimes atteignent presque le bord supérieur de la planche. On apperçoit dans le fond, près du bord de la planche, une église avec un clocher pointu. Au bas de la gauche les lettres *A. W,* et un peu plus vers le milieu, celles de *fe,* sont marquées dans l'eau.

125 - 130. PAYSAGES ORNÉS DE SUJETS MYTHOLOGIQUES.

SUITE DE SIX ESTAMPES.

Hauteur: 10 pouces , 8 lign. Largeur : 8 pouces , 9 à 11 lign.

125. *Alphée et Aréthuse.*

1) Trois grands arbres plantés l'un devant l'autre , et dont les cimes atteignent le bord supérieur de la planche , s'élèvent à droite sur le devant. Celui-ci fait le bord du fleuve Alphée, qui coule du milieu du fond vers la gauche du devant en serpentant. Le bord au delà est garni de bois de différentes espèces , dont l'eau baigne les troncs. Au milieu du fleuve, le dieu paroit à mi-corps, les deux bras étendus vers Aréthuse qui est nue , et s'enfuit sur le bord à droite. Elle est vue par le dos. La tete et le bras droit élevés vers le ciel , elle semble implorer le secours de Diane. On lit au haut de la gauche: *Antoni Waterlo in. et f.*, et le numéro 1.

126. *Apollon et Daphné.*

2) On distingue dans ce paysage montueux un large chemin qui se tire de la gauche du fond vers la droite jusqu'au

bord inférieur de la planche. Le long de son bord, le terrain est tourmenté d'élevations, sur l'une desquelles, tout en avant, on voit un arbre tronqué à sa tige. Sur une autre élevation, vers le milieu du fond, deux beaux arbres s'élancent jusqu'au bord supérieur de la planche. Près de ces arbres, Apollon, son arc à la main, s'élance d'une partie enfoncée, en poursuivant Daphné qui, au milieu de l'estampe, s'enfuit sur le chemin, en tournant la tête vers Apollon. On voit sur toute la largeur du fond beaucoup d'arbres et d'arbrisseaux, au pied d'une haute montagne dont le sommet est couvert de bois, et qui s'incline vers le côté gauche où le lointain offre la vue d'un vaste pays montueux. Les lettres A. W. F. sont marquées sur une pierre qui est au bas de la droite, au bord du chemin ; et au haut de la gauche est écrit : *Antoni Waterlo in. et f.*, ainsi que le numéro 2.

127. *Mercure et Argus.*

3) On voit sur la droite de ce morceau une partie de la forêt de Mycene, le long de laquelle un chemin conduit du fond à

gauche jusqu'au devant de la droite. Sur le bord de ce chemin, au second plan, s'élève, à gauche, une colline sur laquelle on apperçoit un nouveau chemin dont le bord à gauche est garni de buissons et d'arbres à hautes tiges, parmi lesquels on remarque une petite maison. Dans le lointain de ce même côté sont plusieurs montagnes. A droite, au bord du premier chemin, et sur le devant, Mercure appuyé contre un tertre joue de la flûte. Près de lui, Argus assis incline sa tête en avant, et paroît prêt à s'endormir. Io, sous la forme d'une vache, est derrière Argus. Sa tête tournée vers Mercure semble lui exprimer le désir qu'elle a, de lui devoir bientôt sa délivrance. On lit au haut de la gauche : *A. W. in. et f.*, et dans le coin, le numéro 3 est marqué.

128. *Pan et Syrinx*.

4) On voit dans ce morceau le Ladon qui, coulant de la gauche vers la droite en avant, s'étend sur toute la largeur de la planche. Son bord au delà, qui est richement garni d'arbres, d'arbrisseaux et de joncs, ne laisse voir le lointain qu'à la

droite de l'estampe, qui présente un pays montueux d'une vaste étendue. A gauche, tout en avant, s'élève de l'eau un très grand arbre dont la couronne remplit presque toute la partie supérieure de la planche. Au bas de cet arbre Syrinx est représentée en fuite. Ses bras élevés, ses cris indiqués par l'ouverture de sa bouche, son regard timide et tourné vers son persécuteur, tout en elle fait voir qu'elle implore le secours des autres Nymphes. Les roseaux dont sa métamorphose va lui donner la forme, s'élèvent autour du tronc du grand arbre. Pan, qui poursuit la Nymphe, est représenté de profil, les mains étendues, et courant dans l'eau, au milieu de l'estampe. Au haut de la gauche est écrit: *A. W. in. et f.*, et le numéro 4. Les lettres A. W. F. se trouvent une seconde fois à la droite du bas, dans l'eau.

129. *Vénus et Adonis.*

5) On voit dans ce morceau une montagne qui s'incline doucement vers la droite, et qui sur la gauche est couverte d'un bois clair. Un chemin longeant ce bois vient aboutir à une petite pièce d'eau

qui est sur le devant à gauche. Vers le
milieu de l'estampe, trois grands arbres
consécutifs sont plantés au bord de l'eau.
A droite, vers le devant, Adonis tenant
sa pique de la main gauche, est assis sur
une butte. Il a son bras droit passé autour du cou de Vénus qui, couchée à ses
pieds, le regarde avec tendresse, en s'appuyant sur son genou. Devant eux, un
peu vers la gauche, on voit l'amour qui
retient avec peine un lévrier qui s'élance.
Un autre lévrier est au delà de la butte
sur laquelle Adonis est assis, et un troisiéme se repose devant son maître. Le
fond à droite offre la vue d'une rivière
regnant le long de plusieurs collines entrecoupées par des parties de bois. On
lit au haut de la gauche: *A. W. in. et f.*, et
le numéro 5.

130. *La mort d'Adonis.*

6) Ce morceau a beaucoup de rapport
avec le précédent, quant à l'ordonnance
des parties principales du paysage. Sur le
devant, vers la droite, deux grands arbres
qui ont l'air de confondre leurs racines,
s'élèvent jusqu'au bord supérieur de la

planche. Au delà de ces arbres le terrain, qui va en montant doucement vers la droite, est bordé d'une partie de bois touffu qui s'étend en largeur sur plus des deux tiers de l'estampe. Dans le fond à gauche, une autre partie de bois renfermée par une haie, se tire vers le milieu, en fuyant dans le lointain. Adonis est étendu mort au milieu de l'estampe, près de deux grands arbres. Une pique est jettée à sa droite, et, du côté opposé, un chien semble exprimer ses regrets par des hurlemens. Sur la droite du terrain élevé, deux autres chiens sont près d'atteindre le sanglier qui a tué Adonis. Au haut de la gauche est écrit: *A. W. in et fe.*, et le numéro 6.

131 - 136. PAYSAGES ORNÉS DE SUJETS DE L'ANCIEN TESTAMENT.

Suite de six estampes.

Hauteur : 10 pouces, 9 à 10 lign. Largeur : 9 pouces, 1 à 8 lign.

131. *Le départ d'Agar.*

1) Le devant de ce morceau, à gauche, offre une butte surmontée d'un groupe de trois arbres. On voit vers la droite du devant, dans un large chemin, Abraham ren-

voyant Agar et son fils Ismael. Elle porte un paquet sous le bras droit, et tient de la main gauche un mouchoir avec lequel elle essuye ses larmes. Abraham, qui marche à côté d'elle, lui parle en faisant signe de sa main élevée vers le chemin. Ils sont précédés par le jeune Ismael qui porte un arc à la main, et suivis par un petit chien qui court. Le chemin longe une colline surmontée d'un bois touffu, renfermé par une haie. Le lointain à gauche offre la vue d'une rivière, au delà de laquelle est un pays montueux d'une vaste étendue, et garni de villages. Au bas de la droite, tout près du bord de la planche, sont marquées les lettres: *A. W. f. in.*

132. *Agar consolée par l'ange.*

2) Ce paysage représente un bois clair qui s'étend de la gauche vers la droite, en remplissant plus de deux tiers de la planche. Le devant est raboteux et couvert de différentes plantes et herbes sur toute sa largeur. On y distingue, à gauche, une petite pièce d'eau, formée par une chûte, au bord de laquelle s'élève un arbre dont le tronc est garni de branches

du haut en bas. Un autre arbre est planté à quelque distance, un peu plus vers le milieu. Entre cet arbre et six autres plus éloignés, qui forment un groupe au milieu de l'estampe, le petit Ismael est étendu à terre. Sa mère, assise sur une butte près du bord droit de l'estampe, marque par son air languissant l'affliction dont elle est accablée. La tête appuyée sur sa main, elle écoute l'ange qui est debout devant elle, et qui, en lui montrant la pièce d'eau, semble dire : *Agar, qu'avez vous, ne craignez point, car Dieu a écouté la voix de l'enfant du lieu où il est.* (Genes. 21. 12). Au bas de la colline, sur laquelle Agar est assise, est écrit : *A. W. f. et in.*

133. *Le prophète de Juda.*

3) Le devant de ce morceau, qui se tire de la gauche jusqu'au milieu de la planche, est couvert de différentes plantes, à travers desquelles on apperçoit un tronc d'arbre abbatu. Au second plan, vers le milieu de l'estampe, deux arbres à longues tiges, plantés l'un près de l'autre sur une butte, s'élèvent jusqu'au bord supérieur de la planche. Entre cette butte et un pe-

tit groupe d'arbustes et de plantes, qui
est sur le devant à droite, un chemin garni à gauche de différens arbres et arbrisseaux se tire, en montant, dans le fond à
droite. Au milieu de ce chemin, le prophète de Juda, tué par un lion, pour
n'avoir pas obéi à la parole du seigneur
(Les Rois Liv. III.) est étendu mort, et
le lion se repose auprès de lui. On apperçoit l'âne du prophète un peu plus loin,
dans un des enfoncemens du chemin. Sur
la gauche, au delà de la butte, est le
bord d'une rivière qui serpente dans le
fond, et dont le bord opposé est garni de
plusieurs groupes d'arbres. Dans le plus
grand éloignement, se présente la ville de
Bethel, au pied d'une chaine de montagnes. A la droite du bas, près du bord
de la planche, les lettres *A. W. f. in.* sont
marquées.

134. *Le jeune Tobie et l'ange.*

4) Ce morceau est un des plus beaux de
l'oeuvre de Waterlo. On voit sur le devant à droite un arbre dont la cime atteint presque le bord supérieur de la
planche. Il est placé près de deux autres

dont les tiges sveltes et élevées se croisent. Au delà de ce groupe, se voit une colline platte qui monte doucement vers le milieu du fond de l'estampe, et qui de-là précipite brusquement sa pente dans une vallée. Elle s'étend depuis le coté droit jusqu'au milieu de la planche, où elle est escarpée, et où un torrent se jette dans un bassin, entre des rochers dont ceux de la gauche s'élèvent à pic. Ils sont partagés en deux grandes masses et coëffés d'arbustes et de buissons. On voit sur la pente de la colline platte l'ange Raphael et le jeune Tobie qui descendent dans la vallée. Le chien est devant eux. Tobie porte le poisson de la main gauche. L'ange, tenant un bâton de la droite, montre de l'autre le lointain qui offre la vue d'un vaste pays entrecoupé par des parties de bois, et terminé par la montagne d'Ecbatane, au pied de laquelle on apperçoit Ragés, ville des Mèdes. Au bas de la gauche, près du bord de la planche, est écrit: *A. W. f. et in.*

135. *Séphora circoncisant son fils.*

5) Cette estampe représente le lieu, où

Moïse passa la nuit lors de son voyage en Egypte, lorsque le seigneur lui apparut en le menaçant de lui ôter la vie. Sur le second plan à gauche, est un rocher escarpé, garni de verdure et orné d'un grand arbre planté devant une maison. On remarque sur le côté droit une auberge entourée d'une haie dont la porte est ouverte. Une couronne suspendue à un palis forme l'enseigne. De ce même côté, un peu plus vers le fond, une espèce d'escalier conduit à un pont de pierre qui communique avec la maison située sur le rocher. Un homme vu par le dos et tenant une cruche de la main droite, monte cet escalier. Le pont traverse un ruisseau qui coule vers la gauche jusqu'au bas de l'estampe. Sur le devant à droite, Moïse est debout tenant un bâton à la main. L'ange du seigneur le saisit au bras droit, et le menace de lui ôter la vie avec son glaive. Séphora à genoux près de Moïse s'empresse de circoncire son fils qui est couché devant elle sur une pierre carrée. Au delà de ces figures, et tout près du bord de l'estampe, est un âne dont on ne voit que le devant, et près de l'ange on apperçoit un chien,

Au bas de la droite sont marquées les lettres *A. W. f. et in.*

136. *Elie dans le désert.*

6) On voit dans ce morceau le torrent de Carith prenant son cours de la gauche du fond jusqu'au coin droit du bas de l'estampe. Sur le devant à gauche, qui est très raboteux et couvert de beaucoup de plantes sauvages, s'élèvent trois grands arbres qui se suivent, et dont le premier et le plus fort se partage en deux tiges. A leur pied, Elie vu par le dos est assis à terre. Appuyé sur le bras gauche, il tend la main droite vers le corbeau qui lui apporte sa nourriture. Un second corbeau, portant de même un pain dans son bec, se voit du haut de l'estampe, à droite. Le bord opposé du torrent est richement garni d'arbres et d'arbrisseaux, au dèlà desquels on distingue, dans le lointain, plusieurs montagnes qui vont en s'élevant vers la droite. Au haut de la gauche est écrit: *A. W. f. et in.*

PIÈCE DOUTEUSE.

Un ruisseau coulant du fond de la droite

vers le devant de la gauche, où il s'étend
sur toute la largeur de la planche. Sur une
petite terrasse, à droite, s'élève un grand
arbre incliné, dont les branches et le feuillage remplissent toute la largeur du haut
de l'estampe. Le bord opposé est couvert,
à droite, d'une forèt qui s'étend jusqu'au
milieu ; et un groupe de plusieurs arbres
se voit à gauche. L'ouverture entre ces
deux parties de bois est garnie de buissons, et laisse la vue d'un petit lointain.
Au haut de la gauche est écrit : *a w. ex.*

Largeur : 5 pouces, 4 lignes. Hauteur : 4 pouces, 4 lign.

Ce morceau est gravé d'une manière
lourde et très différente de celle de Waterlo ; il n'y a que l'eau et l'endroit garni
de buissons, c'est-à-dire, la partie basse
de la gauche de l'estampe, où l'on découvre des traces de la main de Waterlo. On pourroit en conclure, ou que cette
estampe est un fruit des commencemens
de notre artiste, ainsi que les numéros
19, 20, 39 et 40, ou qu'elle a été gravée
par quelqu'un de ses contemporains, et
retouchée seulement par Waterlo.

ÉPREUVES PARTICULIÈRES ET TRÈS RARES DE QUELQUES PLANCHES DE WATERLO.

On a de plusieurs planches gravées par Waterlo des épreuves premières, où il y a moins de travail de burin, et qui sont en même tems avant certains petits changemens postèrieurement ajoutés par notre artiste. Ses estampes ayant été sans doute dejà fort recherchées dès leur apparition, il est possible qu'il se soit trouvé dans le cas de retoucher plusieurs de ses planches, la plùpart d'entre elles ayant été ordinairement gravées d'une pointe extrèmement délicate. Il est possible de même, que ces épreuves ne soient que de ces épreuves d'essai dont les artistes n'ont guère coutume de faire tirer qu'un très petit nombre d'exemplaires. Quoiqu'il en soit, il est très certain que ces épreuves premières sont si rares, que chacune d'elles peut être considérée comme presque unique. Du moins l'auteur de ce catalogue n'en a-t-il jamais vu deux d'une même planche.

Ces sortes d'épreuves exigeant en quelque sorte une cathégorie toute particulière, nous n'avons jugé à propos, ni de les

mettre dans la classe des premières épreuves, ni d'en faire mention dans le catalogue à leurs numéros respectifs. Décla-
rées comme premières, elles pourroient
avoir l'inconvénient de rabaisser injuste-
ment au second rang toutes les épreuves,
même les plus vigoureuses, tirées après
les changemens souvent très favorables à
l'ensemble, que Waterlo y auroit ajoutés.

Nous ne saurions déposer ici le nombre
exact des planches dont il existe de telles
épreuves particulières ; nous n'en avons
vu que onze pièces. Voici les marques dis-
tinctives aux quelles on peut les connoitre.

A. Épreuve de Nr. 55, qui diffère des
épreuves ordinaires en ce qu'au lieu de
deux arbres qui sont vers le milieu du
devant, il n'y en a qu'un seul.

B. Épreuve de Nr. 57. Elle diffère des
épreuves ordinaires en ce que l'arbre
presque privé de feuilles, qui est au
devant de la droite, a deux branches
sèches de moins. Ce sont celles dont
l'une, qui s'élève, sort du rameau qui
est au milieu du bas du tronc, l'autre,
qui s'incline, sort du tronc meme, au
dessous du rameau.

C. Epreuve de Nr. 84. qui est d'une grande douceur et bien différente des épreuves ordinaires tirées de la planche, après que Waterlo en eut trop chargé de burin les demi-teintes. On la connoit à la forme des herbes qui sont sur le devant, au bas du groupe des quatre arbres et du saule. La moitié gauche de ces herbes, en avant du premier des quatre arbres, est plus basse que l'autre moitié, au lieu que dans les épreuves ordinaires ces herbes sont toutes de la même hauteur, et s'inclinent les unes vers les autres.

D. Épreuve de Nr. 86. beaucoup moins chargée de burin. On la reconnoit à ce qu'il y manque une branche de l'arbre qui est au sommet d'une colline près du bord gauche de l'estampe. On voit cette branche ajoutée en ligne oblique au dessus de la rupture du tronc, et à la droite des trois autres qui sortent du rameau principal.

E. Épreuve de Nr. 98. moins chargée de burin. Voici comme on la connoit. Le rocher escarpé, qui est surmonté d'un bâtiment carrée, à deux angles. Au bas de celui qui est le plus avancé, est une double cascade. L'autre, au milieu de l'estampe, est divisé en trois sections dont la plus éloignée est en même tems la plus ombrée. C'est à cette troisième section du coin du rocher qu'on distingue la première épreuve d'avec la seconde. Au lieu de se prolonger jusqu'au bas, en ligne parallèle avec la seconde section, elle ne s'étend, dans la première épreuve, qu'à mi-hauteur de la seconde.

F. Épreuve de Nr. 106. dans laquelle il y a plusieurs petits endroits que Waterlo a depuis couverts d'ombres légères pour mieux réunir les tons. On la reconnoit aux deux arbres plantés sur une butte qui est au milieu du devant. Celui de ces arbres qui est à gauche, n'a pas les branches sèches qui dans les épreuves ordinaires sortent vers le bas du tronc.

G. Épreuve de Nr. 108. Le travail de l'eau-forte y est d'une si grande délicatesse qu'il ne s'accorde pas tout-à-fait avec les coups de burin que Waterlo y a ajoutés depuis avec un peu trop de franchise. On reconnoit cette première épreuve à ce que l'arbre qui s'élève au milieu de l'estampe, près du coin de la haie, n'a point ces petits rameaux pendans qui descendent de la droite de son tronc presque jusqu'aux petites feuilles dont son pied est garni aux deux côtés.

H. Épreuve de Nr. 113, où le lointain à gauche est moins terminé au burin. On la reconnoit à ce qu'une des parties du terrain entrecoupé, qui se trouve vers le fond de la gauche de l'estampe, n'y est ombrée que d'une simple taille, au lieu que dans l'épreuve ordinaire cette même partie est couverte d'une contretaille.

I. Épreuve de Nr. 114. Ce morceau a été gravé d'une pointe si délicate, et l'eau-forte y a si peu mordu, que la planche ne pouvoit guère fournir un grand nombre d'épreuves. Ce qui a sans doute engagé Waterlo, à la retravailler presqu'entièrement au burin. On reconnoit cette première épreuve à ce que les deux petits arbres qui sont dans le fond, près du bord droit de la planche, n'ont point de feuilles.

K. Épreuve de Nr. 116, moins chargée de burin dans toutes ses parties. L'arbre tronqué et peu feuillu sur le devant à droite est tout-à-fait sec, et on n'y voit pas les branches qui sortent au bas du tronc, à la hauteur du petit bâteau qui est dans l'eau. De plus, le groupe d'arbres qui est sur la pointe du bord opposé de l'eau, ne consiste qu'en deux saules et un arbre élevé, au lieu que dans les épreuves ordinaires on trouve aussi le tronc d'un quatrième arbre.

L. Épreuve de Nr. 118. Elle est moins chargée de burin. On la reconnoit par l'arbre isolé à haute tige, qui est à gauche vers le devant. Le milieu du tronc de cet arbre est privé des petites branches sèches qu'on distingue au nombre de six dans l'épreuve ordinaire, savoir une à la gauche et cinq à la droite. Deplus, le floquet d'herbe au bas du tronc ne s'y trouve point.

Ces quatre planches faisant partie d'une même suite, il est vraisemblable qu'il existe aussi des deux autres de semblables épreuves également moins retravaillées au burin ; mais nous n'avons pas eu occasion de les rencontrer.

TABLE DES ESTAMPES
D'ANTOINE WATERLO.

Nro. de
l'oeuvre.

TABLE

DES DIMENSIONS DES ESTAMPES

D'ANTOINE WATERLO.

PIÈCES EN LARGEUR.

Largeur : 3 pouces, 7—9 lignes.   Nro.
Hauteur : 3 pouces, à 3 pouces, 3 lignes. . 1 2.

Largeur : 4 pouces, 4 — 5 lignes.
Hauteur : 3 pouces, 9—10 lignes, ... 3 — 6.

Largeur : 5 pouces, à 5 pouces, 1—2 lignes.
Hauteur : 3 pouces, 3—5 lignes . . . . . 7—18.

Largeur : 5 pouces, 4—8 lignes.
Hauteur : 3 pouces, 1—5 lignes. . . . . 19—20.

Largeur : 5 pouces, 2—5 lignes.
Hauteur : 3 pouces, 4—7 lignes. . . . . 21—32.

Largeur : 5 pouces, 1—3 lignes.
Hauteur : 4 pouces, à 4 pouces, 1—3 lignes . 33—40.

Largeur : 5 pouces, 9—11 lignes.   Nro.
Hauteur : 3 pouces, 11 lignes, à 4 pouces,
      1—2 lignes. . . . . 41— 46.

Largeur : 5 pouces, 5—6 lignes.
Hauteur : 4 pouces, 7—8 lignes. . . . . 47— 52.

Largeur : 5 pouces, à 5 pouces 1—5 lignes.
Hauteur : 4 pouces, 2—10 lignes. . . . . 53— 70.

Largeur : 6 pouces, 2—3 lignes.
Hauteur : 4 pouces, 2—3 lignes. . . . . 71— 76.

Largeur : 5 pouces, 6—10 lignes.
Hauteur : 4 pouces, 6—11 lignes. . . . . 77— 82.

Largeur : 6 pouces, 1—5 lignes.
Hauteur : 5 pouces. . . . . 83— 88.

Largeur : 7 pouces, 7—9 lignes.
Hauteur : 4 pouces, 4—6 lignes. . . . . 89— 94.

Largeur : 7 pouces, 6—9 lignes.
Hauteur : 5 pouces, 5—9 lignes. . . . . 95—106.

Largeur : 10 pouces, 4—6 lignes.
Hauteur : 7 pouces, 11 lign., à 8 pouces, 2 lign. 107—112.

154

Largeur : 10 pouces, 2—8 lignes.   Nro.
Hauteur : 8 pouces, 3—5 lignes.   .   .   .   113—118.

PIÈCES EN HAUTEUR.

Hauteur : 10 pouces, 6—7 lignes.   Nro.
Largeur : 8 pouces, 6—8 lignes.   .   .   .   119—124.

Hauteur : 10 pouces, 7—8 lignes.
Largeur : 8 pouces, 9—11 lignes.   .   .   .   125—130.

Hauteur : 10 pouces, 9—10 lignes.
Largeur : 9 pouces, 1—3 lignes.   .   .   .   131—136.

ALDERT
VAN EVERDINGEN.

Aldert van Everdingen naquit à Alcmaer en 1621. Il eut d'abord pour maître Roland Savery ; delà il passa chez Pierre Molyn, sous qui il fit bientôt les progrès rapides qu'on devoit attendre de son génie. Il excelloit dans plusieurs parties de la peinture, quoique le paysage fut son genre principal. Cet artiste étoit d'une conduite sage et reglée, et avoit de l'esprit. Ses bonnes moeurs et sa piété lui méritèrent une place de diacre dans l'église reformée de sa ville natale, où il mourut en 1675, âgé de 54 ans.

Nous ne saurions positivement déterminer le nombre des planches que cet artiste a gravées ; mais nous avons tout sujet de croire qu'il ne dépasse guère celui de cent soixante et deux pièces, dont nous donnons la déscription dans ce catalogue.

Cent trois de ces estampes représentent des paysages qui, pour la plus grande partie, paroissent avoir été dessinés d'après nature. Ce sont de petites marines, des vues de hameaux et de villages, des contrées de bois et des régions montueuses. Tous ces morceaux représentent la nature sans embellissemens. Au lieu de sites agréables, de collines garnies d'une verdure fraiche, de fabriques élégantes et de ruisseaux serpentans, ce sont des endroits pauvres, où les rochers, les écueils, les torrens, les chûtes d'eau, et les chaumières concourent à donner au paysage un caractère particulier qui n'a rien que d'austère et de rustique.

La variété étonnante des objets traités dans ces estampes est égale à la vérité, avec laquelle ils sont représentés. L'une prouve la grande fécondité du génie de leur auteur, l'autre sa rare habileté.

Les estampes d'Everdingen sont gravées d'une pointe grossière plutôt que fine, toujours conduite avec infiniment d'esprit par une main vite et hardie. Fidèle au principe de ne pas sacrifier l'effet de l'ensemble à un détail précieux, il s'attachoit à mettre toute la vérité possible dans les formes, et à les rendre d'une manière exacte, simple et précise.

Cependant nous sommes bien éloignés de prétendre qu'Everdingen ait négligé le détail: son oeuvre nous offre meme quelques pièces, où il a mis un fini presque semblable à celui que l'on trouve dans les estampes les plus délicatement terminées des autres peintres qui ont gravé le paysage. Telles sont. *La rivière serpentante*, Nr. 33; *le rocher sortant de l'eau*, Nr. 34; *le rocher sortant du milieu de la rivière*, Nr. 40; *le petit pont couvert*, Nr. 45; *les deux solives sur l'eau*, Nr. 56; et principalement *les deux figures au bas du rocher pointu*, Nr. 42; *et le cavalier sur le petit pont*, Nr. 5o.

L'autre partie de ses Estampes forme une suite de cinquante sept pièces gravées pour le poëme *des fourberies du renard*. Everdingen les a faites dans le tems de sa plus grande force. Les différentes espèces d'animaux que l'on y trouve, sont généralement représentées dans leur vrai caractère, et rendent d'une manière parlante, les rôles que la fable leur donne. L'expression de l'astuce dans toutes les attitudes, souvent même dans les jeux de phisionomie du renard rusé, prouvent l'esprit observateur et le génie heureux de notre artiste. Du reste les animaux sont groupés et disposés avec entente, les fonds de paysage où ils se trouvent, dessinés d'un bon goût, et le tout ensemble est gravé d'une pointe hardie qui decèle la main d'un maître exercé. S'il est un point, sur lequel on ait à l'accuser de foiblesse, c'est celui des figures humaines. Le peu qui en entre dans la composition de quelques unes de ces fables, est aussi mal dessiné que toutes celles dont il a animé ses paysages. Son inexpérience dans cette partie se manifeste particulièrement dans les deux pièces gravées en manière noire, décrites sous les numéros 104 et 105, dont surtout la première est même au dessous de la médiocrité.

Les bonnes épreuves des estampes d'E-verdingen sont rares. Celles des paysages que l'on rencontre ordinairement, sont retouchées par quelque maladroit qui y a ajouté des ciels faits de lignes parallèles gravées au burin d'une manière insipide; ce qui les fait aisément reconnoître. Les planches des sujets d'animaux sont moins gatées. On en reconnoit les épreuves retouchées à un travail de pointe sèche dont les premières n'offrent pas la moindre trace.

Les deux tables placées à la fin de ce catalogue sont disposées comme celles de l'oeuvre de Waterlo.

OEUVRE
D'ALDERT
VAN EVERDINGEN.

PIÈCES DE FORME OVALE.

1. *Le petit paysage de forme ovale, en hauteur.*

Vers le fond à gauche est un hameau entouré d'arbres. Sur le devant à droite s'élève un saule.

Diamètre de la hauteur : 2 pouces, 8 lignes ; de la largeur : 2 pouces, 3 lignes.

2. *Le premier petit paysage de forme ovale, en largeur.*

Au milieu de l'estampe est un hameau sur le bord d'un ruisseau qui coule du fond de la gauche jusqu'au bas de la droite de l'estampe. Vers le devant de ce même côté une partie de la rive très élevée, est surmontée d'un arbre isolé. Le chiffre d'Everdingen A V E est marqué près de cet arbre.

Diamètre de la largeur : 2 pouces, 9 lignes ; de la hauteur : 2 pouces, 4 lignes.

3. *Le second petit paysage de forme ovale, en largeur.*

Un ruisseau traversé d'un petit pont de bois. Ses bords sont garnis de verdure. On remarque particulièrement, au milieu de l'estampe, six à sept saules plantés à la suite l'un de l'autre le long de l'eau. Vers la droite est une chaumière.

Même grandeur que la pièce précédente.

PIÈCE DE FORME RONDE.

4. *Le paysage de forme ronde.*

Un hameau sur un terrain raboteux. Vers la gauche un homme passe un petit pont traversant un ruisseau dont on voit une partie au bas de l'estampe. Près de ce pont, un peu plus vers le milieu, se reposent trois chèvres. A droite sont trois hommes dont un à cheval. Le chiffre

A V E est marqué au bas de l'estampe, à droite. Ce morceau est très rare.

Diamètre : 7 pouces.

Cette planche a été retouchée et reduite en forme ovale dont la hauteur est de 6 pouces.

PIÈCES EN HAUTEUR.

5. *Les quatre figures sous l'arbre.*

Au milieu de ce morceau un homme couvert d'un chapeau rond, enveloppé d'un large manteau et appuyé de ses deux mains sur un bâton, parle à deux femmes dont une est debout, l'autre assise sur une butte. Plus en avant, un autre homme debout et vêtu comme le premier, s'appuye de la main gauche sur la butte. Dans le fond à droite est un gros arbre dont une grande branche se recourbe au dessus de ces quatre figures. Les lettres A V E sont marquées au milieu de la butte.

Hauteur : 2 pouces, 7 lignes. Largeur : 2 pouces, 5 lign.

6. *L'homme sur le petit pont de bois.*

Un ruisseau entre deux bords de rochers assez élevés, réunis par un petit pont de bois qui est au milieu de l'estampe, et sur lequel marche un homme portant un morceau de bois sur l'épaule. On voit sur la gauche trois huttes dont la plus avancée a son toit couvert de deux rangées de planches. Les lettres A V E sont au bas de la gauche.

Hauteur : 3 pouces, 2 lignes. Largeur : 2 pouces, 8 lign.

7 - 10. SUITE DE QUATRE ESTAMPES.

Hauteur : 4 pouces, 7 - 8 lignes. Largeur : 3 pouces,
9 - 12 lignes.

7. *La Cascade*.

1) Un torrent, qui vient du fond de la droite vers le devant où il tombe en cascade, en se brisant contre plusieurs écueils. Il baigne un rocher escarpé qui s'élève à la droite de l'estampe, et dont le sommet est garni d'arbres. Sur le bord en deçà est situé un village avec une église qui se présente au milieu de l'estampe, et dont le clocher adossé à la façade n'a que très peu d'élevation. Les lettres A V E sont marquées sur une pierre qui sort de l'eau au bas de la droite.

8. *Le porcher.*

2) Au milieu de ce paysage est un ruisseau qui coule jusqu'au bas de la droite
de l'estampe. Ses bords sont garnis de plusieurs arbres ; un entre autres s'élève d'une
petite langue de terre formée au milieu
de l'estampe. Le bord gauche est longé
par une espèce de petit pont ou trottoir
où l'on voit un homme qui dirige ses pas
vers le fond. Sur le devant de ce même
côté un porcher fait marcher deux cochons. Les lettres A V E sont marquées
vers le bas de la droite, sur une pierre
qui sort de l'eau.

9. *Le paysage à la meule.*

3) Un hameau orné d'arbres. Au milieu de l'estampe est une chaumière devant laquelle un homme et une femme
sont assis à terre près l'un de l'autre. A
quelque distance de ces figures une meule
est étendue à terre près d'un tonneau. On
voit dans le fond à droite un berger conduisant son troupeau. Les lettres A V E
sont marquées au coin bas de la droite

10. *La chapelle.*

4) Le côté gauche de ce morceau est occupé par une montagne qui s'incline vers la droite, et de laquelle un chemin conduit jusqu'au milieu du bas de l'estampe. Son sommet est richement garni de pins ; de pareils arbres s'élèvent à son pied, d'une vallée à droite. A la mi-hauteur de la montagne est une chapelle en charpente, surmontée d'un petit clocher. Au milieu du devant marche un homme au bas d'un rocher escarpé qui fait partie de la montagne, et au haut duquel se voit une cabane. Les lettres A V E sont marquées au bas de la droite.

PIÈCES EN LARGEUR.

11 - 16. SUITE DE SIX ESTAMPES.

Largeur : 3 pouces, 8-10 lign. Hauteur : 2 pouces, 8 lign.

11. *Les deux tonneaux devant la chaumière.*

1) Un hameau au bord d'un canal qui s'étend sur toute la largeur du bas de l'estampe. A gauche, un homme dans un petit bateau semble arrêter devant une chaumière, à la porte de laquelle on voit deux

tonneaux et une femme assise. Les lettres
A V E sont marquées au bas de la gauche.

12. *Le pélerin.*

2) Trois chaumières adossées en différentes directions. Sur le devant à droite
un homme vêtu en pélerin, vu par le dos
et accompagné d'un chien, monte une petite colline sur la pente de laquelle, vers
le milieu de l'estampe, un paysan est assis à terre près d'une femme. Dans le fond
à droite on voit marcher un autre homme
qui porte un grand paquet sur le dos.

13. *La cabane de pêcheurs, au bord de*
l'eau.

3) A gauche s'élève une colline escarpée, au sommet de la quelle se repose un
homme chargé d'un paquet. Au bas de
cette colline, vers le milieu de l'estampe,
est une cabane de pêcheur, sur le bord
d'une rivière où l'on voit deux pêcheurs
prés d'une petite barque.

14. *La marine aux trois figures.*

4) Sur la droite est un groupe de rochers escarpés, au delà desquels le rivage

fuit dans le lointain. La gauche de l'estampe qui représente la mer, offre la vue
de plusieurs bateaux à voiles. Une barque
à un seul mât est arretée vers le devant
de ce côté près d'un quartier de rocher.
Un autre quartier semblable est sur le devant vers la droite, où une femme est debout devant deux paysans dont un est assis à terre. Le chiffre d'Everdingen est
marqué au bas de la gauche.

15. *La chaumière presque délabrée.*

5) Une chaumière à demi-délabrée sur
un terrain élevé, entouré d'eau. Au devant, à droite, un bâtelier dirige sa nacelle dans laquelle ils est debout et vu par
le dos. Une barque à voiles se voit à
gauche dans le fond. Les lettres A V E
sont marquées sur une pierre qui sort de
l'eau, vers le milieu de l'estampe.

16. *La grande église au sommet de la
montagne.*

6) Une masse de rochers baignés par
une riviére qui s'étend sur toute la largeur du bas de l'estampe, et d'où sortent
quelques rocs. Ces rochers sont garnis à

gauche d'arbres et d'arbrisseaux jusqu'à l'eau. Une grande église paroît au sommet d'une montagne qui s'élève dans le fond à droite. Vers le bas de ce côté sont deux figures dont une assise à terre ; et plus bas encore, les lettres A V E sont marquées sur un quartier de rocher.

17 - 20. SUITE DE QUATRE ESTAMPES.

Largeur : 3 pouces, 11 lign. Hauteur : 2 pouces, 7 - 9 lign.

17. *Le hameau à la pente d'une montagne.*

1) Un hameau situé sur la pente d'une montagne baignée par un ruisseau que l'on voit en partie au bas de la gauche de l'estampe. Sur le devant à droite plusieurs solives sont dispersées à terre ; plus haut, de ce même côté, on apperçoit un paysan portant un bâton sur l'épaule. Au dessous de cette figure les lettres A V E. *f.* sont gravées dans le terrain.

18. *Le rocher.*

2) Au milieu de ce morceau s'élève un grand rocher escarpé et chauve, le long duquel un chemin conduit à une chaumière que l'on voit en partie à la gauche

de l'estampe. Plus en avant de ce même côté, un homme ayant un bâton appuyé contre son épaule, est assis au bord du chemin. Le côté droit offre la vue d'un petit lointain, où l'on distingue une chaumière isolée sur le bord d'un chemin longeant un petit bois. Au bas de l'estampe, vers la droite, sont marquées les lettres *A V e*.

19. *Le hameau au terrain montueux.*

3) Un hameau sur un terrain montueux. On remarque vers la droite une chaumière au sommet d'une petite colline hérissée de quartiers de rochers. Au milieu du devant, un homme vu par le dos et parlant à une femme, tient un bâton de sa main gauche élevée. Un paysan à cheval se voit vers le fond. Les lettres A V E sont écrites au bas de l'estampe, vers la droite.

20. *Les tonneaux débarqués.*

4) Un village sur le bord d'un canal qui remplit le bas de l'estampe, et dans lequel, vers la gauche, est une nacelle avec deux hommes qui viennent débarquer quelques tonneaux. Vers le milieu de l'es-

tampe, un voyageur à cheval est suivi
d'un jeune garçon. Les lettres A V E sont
marquées sur une pierre qui sort de l'eau
près d'une petite chaumière.

21 - 24. SUITE DE QUATRE ESTAMPES.

Largeur : 4 pouces. Hauteur : 2 pouces, 3 lignes.

21. *Le treteau de charpentier.*

1) Une chaumière entourée d'arbres au
bord d'une rivière que l'on voit en partie
à la droite de l'estampe. Sur le bord op-
posè, dans le lointain, s'élève un grand
rocher escarpé. Vers le devant à droite
un homme vu par le dos et assis à terre
contre deux tonneaux, semble s'entrete-
nir avec un autre qui est dans une nacelle. Un troisième, près d'un treteau de
charpentier, s'occupe à ranger des solives.
Les lettres A V E sont marquées au bas d'un
devant pierreux vers la gauche.

22. *La figure à cheval sur le pont de pierre.*

2) On voit au milieu de ce morceau le
toit d'une maison, au sommet d'un petit
rocher baigné par un ruisseau qui se repand sur toute la largeur du devant. Ce

ruisseau vient du milieu de l'estampe, ou
il est couvert d'un pont de pierres délabré, sur lequel on remarque une chèvre
et trois figures dont une est à cheval. Les
lettres A V E sont tracées sur une pierre
qui est au milieu de l'estampe, au bas de
l'arche du pont.

23. *Les deux solives flottant sur l'eau.*

3) Un hameau de quelques huttes ché-
tives délabrées et garnies d'arbres. Le terrain du devant est séparé, par le milieu,
d'une pièce d'eau sur laquelle flottent deux
solives. On voit à gauche un paysan appuyé contre la planche d'une haie. A droite,
un homme semble rouler un tronc d'arbre, vis-à-vis d'un autre qui est debout,
tenant un bâton à la main. Au bas de cette
figure les lettres A V E sont marquées sur
une pierre qui sort de l'eau.

24. *Le chévrier.*

4) Sur le devant à gauche est une pièce
d'eau dont le bord assez élevé est garni
d'arbrisseaux qui sont très touffus et plus
hauts vers le milieu de l'estampe. On voit
deux cabanes à la gauche, et au delà s'é-

lève une montagne. Le devant à droite
est orné de trois chèvres et d'un mouton
qui se reposent sur une colline, au sommet de laquelle on en apperçoit encore
deux autres, ainsi qu'un chévrier tenant
son bàton sur l'épaule. Le chiffre d'Everdingen est écrit au milieu du bas de l'estampe.

25. *Le hameau au rocher.*

Le milieu de cette estampe est composé
d'une colline, au sommet de laquelle est
une cabane en charpente : trois autres de
pareille construction se succèdent à la
pente de la colline vers la gauche. Devant
celle qui est au bas, un homme, tout près
du bord de la planche, semble travailler
à une haie qui n'est qu'à moitié faite. En
avant de cette haie, vers le milieu, se reposent deux chèvres. On apperçoit deux
figures dans un creux vers le fond à droite
Les lettres A V E sont marquées vers la
gauche au dessous de deux petits tonneaux.

Largeur : 4 pouces, 10 lignes Hauteur 3 pouces
1 ligne

26 - 29. SUITE DE QUATRE ESTAMPES.
Largeur : 4 pouces, 9 lignes. Hauteur : 3 pouces,
2-5 lignes.

26. *Le gros arbre.*

1) Un bois entrecoupé par des rochers.
Au milieu du devant s'élève un gros arbre dont les racines sont presque découvertes. Un chasseur donnant du cor, et
suivi d'un grand chien arrive de la gauche
en courant. Un autre homme qui court
pareillement, les deux bras élevés, se voit
dans le fond à droite.

27. *Les restes de la haie.*

2) A la droite de ce morceau, sur une
hauteur, est une chaumière devant laquelle on voit les restes d'une haie et
un homme debout près d'un palis. Dans
le fond à gauche, on en apperçoit un autre
à cheval, accompagné de deux figures dont
l'une le précède, l'autre le suit. Le lointain de ce même côté offre la vue d'un
ancien bâtiment situé au pied d'une montagne et entouré de verdure. Les lettres
A V E sont marquées au bas de la planche,
vers la droite.

28. *Les trois figures au haut des rochers.*

3) Un pays couvert de rochers. On re-marque à gauche une chaumière au delà de laquelle s'élèvent deux arbres. Trois figures dont une assise à terre, se voient au haut d'un rocher, vers la droite du fond. Un homme et une femme qui por-tent chacun un enfant, marchent sur le devant à droite, vers une colline qui est surmontée d'un grand arbre touffu. Les lettres A V E sont marquées au bas de la planche, vers la droite.

29. *La maison à la tourelle pointue.*

4) Au milieu de ce morceau s'élève une maison à plusieurs étages, surmontée·à l'angle d'une tourelle pointue. Au devant de cette maison est une plantation d'ar-bres. Le fond présente deux montagnes qui fuient dans le lointain à droite. Sur le devant à gauche un homme debout vu par le dos, semble parler à un autre qui est couché à terre, au bas d'un rocher escarpé dont le sommet est garni d'un arbre. C'est au bas de ce rocher que l'on remarque les lettres A V E.

30-33. SUITE DE QUATRE ESTAMPES.

Largeur : 4 pouces, 9 lignes. Hauteur : 3 pouces, 8-9 lign.

30. *La chaumière vue par derrière.*

1) A la gauche de cette estampe est une chaumière vue par derrière, à l'angle de laquelle deux hommes sont en conversation. Sur le devant à droite s'élève un rocher escarpé que des arbrisseaux couronnent. Le fond offre la vue d'un hameau situé sur le bord d'un canal et richement garni d'arbres. Les lettres A V F sont marquées au bas de là gauche, dans le coin.

31. *Le rocher immense. Pièce de nuit.*

2) Pièce de nuit, représentant un rocher immense, baigné par une rivière qui remplit tout le devant de la planche. On y distingue, à gauche, un bâteau avec quelques figures qui semblent le décharger. Une petite maison se fait remarquer de ce meme coté à mi-hauteur du rocher, ainsi qu'un chemin serpentant vers le sommet, au dessus duquel une vive lumière paroit indiquer le soleil levant. La rivière se prolonge dans le fond à droite. Ce morceau

est fort chargé de manière noire, ajoutée à la planche par le moyen du berceau *).

32. *Les deux nacelles qui s'approchent.*

3) Un hameau garni de plusieurs arbres sur le bord élevé d'une large rivière qui vient du milieu du fond, et s'étend jusqu'au devant de la droite de l'estampe. Au bas de la cabane la plus avancée un homme parle, le bras élevé, à deux pêcheurs qui de leurs nacelles s'approchent l'un de l'autre. Dans le fond à droite, au bord opposé de la rivière, s'élève une montagne escarpée et surmontée de fabriques, au pied de laquelle on voit quelques autres maisons et une grande plantation renfermée par une haie.

33. *La rivière serpentante.*

4) Le côté droit de ce morceau offre la vue d'une rivière qui serpente du fond jusqu'au bas de l'estampe. Une terrasse garnie de quelques arbres qui s'élève sur le devant à gauche, ferme de ce côté une

---

*) Fer dentelé dont on se sert pour apprêter les planches destinées à la gravure en manière noire.

partie de son bord dont la continuation reparoît et s'exprime dans le fond par deux langues de terre. Le bord opposé de l'eau est très élevé, et animé par deux figures assises et quelques moutons. Vers le bas de l'estampe, de ce même côté, un homme dans un petit bâteau, à l'air de sonder la rivière près de quelques écueils qui sortent de l'eau. Les lettres A V E se voient tout au milieu du bas de l'estampe.

34-39. SUITE DE SIX ESTAMPES.

Largeur : 5 pouces. Hauteur : 3 pouces, 2-3 lignes.

34. *Le rocher sortant de l'eau.*

1) Pays montueux d'une vaste étendue, traversé par une rivière qui coule du milieu du fond vers la gauche du devant, où un rocher sort de l'eau. On apperçoit à droite, sur le devant qui est un amas de petits rocs, un homme élevant le bras droit, et un peu plus loin, un autre portant un bâton sur l'épaule. L'un et l'autre ne sont vûs qu'à mi-corps. Les lettres A V E sont tracées sur un roc au bas de la droite.

35. *Les trois chèvres au bord de l'eau.*

2) Un hameau dans un pays couvert de rochers entremêlés de plusieurs parties d'arbres. Ces rochers forment à droite le bord d'un ruisseau qui s'étend sur toute la largeur du bas de l'estampe. Sur celui de la gauche on remarque un homme vu par le dos, près de trois chèvres. Les lettres A V E sont tracées vers le bas de la droite, sur une pierre qui sort de l'eau.

36. *Les chaumières sur le bord d'un torrent.*

3) Pays couvert de rochers, entre lesquels un torrent qui prend son cours du milieu du fond, fait une cascade vers le devant où il se jette sur une espèce de digue délabrée. On voit à gauche deux chaumières dont l'une ouvre un passage à l'eau. De ce même côté, tout près du bord de la planche, sont debout deux paysans qui tiennent chacun un bâton à la main. A droite, sur la pente d'une colline, se reposent quatre chèvres. Les lettres A V E sont marquées au bas de l'estampe, vers la gauche.

3₇. *Les deux pins près des chaumières.*

4) Une rivière coulant en largeur au bas de l'estampe, le long d'une chaîne de rochers qui, à droite, sont escarpés et garnis d'arbres. On voit presqu'au milieu de la planche deux chaumières, près desquelles s'élèvent deux pins. A gauche, au bord de l'eau, un homme est à califourchon sur un tronc d'arbre, et à quelque distance de lui on apperçoit deux autres figures près d'une nacelle retirée au bord. Le nom D'EVERDINGEN est écrit à droite, au pan d'un des rochers.

38. *La chaumière délabrée.*

5) Sur la droite de ce morceau est une chaumière fort délabrée, dont le toit est surmonté d'un arbre planté au delà. Le terrain devant cette chaumière est raboteux, et plusieurs troncs d'arbres y sont étendus presqu'au milieu de l'estampe. On apperçoit une chèvre au sommet d'une butte près du coin de la chaumière, et sur le devant à gauche, une figure près de quelques quartiers de rochers. Le fond à gauche offre la vue d'une large rivière dont le bord au delà est richement garni d'arbres

touffus, par dessus lesquels s'élève un clocher pointu. Presqu'au milieu de l'estampe on voit une barque à voiles pliées. Les lettres A V E sont tracées de biais sur une pierre au bas de la gauche.

39. *L'homme à l'ouverture de la haie délabrée.*

6) Quelques chaumières au sommet d'une colline douce qui occupe le côté gauche de l'estampe, et dont le bas est entouré d'une haie très délabrée. A la pente de cette colline, hors de la haie, est un groupe de trois chèvres qui se reposent, et un peu plus en avant, se voient quatre cochons. Sur la gauche, à l'ouverture de la haie, marche un paysan ayant un manteau court sur l'épaule gauche. Les lettres A V E sont marquées au bas de la gauche, sur une petite pierre.

40 - 51. SUITE DE DOUZE ESTAMPES.

Largeur : 5 pouces, 1-3 lign. Hauteur : 3 pouces, 5-6 lign.

40. *Le rocher sortant du milieu de la rivière.*

1) Une large rivière coulant du fond de

la gauche jusqu'au devant de la droite, où elle s'étend sur deux tiers de la planche. Elle baigne un rocher garni d'arbres et d'arbrisseaux, qui s'élève au devant de la gauche, et au sommet duquel on apperçoit un homme vu par le dos. Au bord opposé sont deux montagnes ornées à leurs pieds de verdure et de quelques petites maisons. Un rocher très haut et très escarpé sort du milieu de la rivière entre deux autres petits écueils. On voit quatre figures dans un bâteau vers la droite; deux autres sont debout sur un des bancs de sable que l'on distingue vers le milieu du devant. Les lettres A V E sont marquées au coin à la gauche du bas.

41. *Les trois huttes au sommet du rocher.*

2) Un rocher escarpé, richement garni d'arbrisseaux et surmonté de trois huttes. A l'ouverture de celle du milieu, un paysan est assis à terre. Une femme ayant ses mains dans ses pôches est debout devant lui, vers la gauche de l'estampe. Les lettres A. V E sont tracées sur une pierre, tout au bas du milieu de la planche.

42. *Les deux figures au bas du rocher pointu.*

3) Une rivière qui s'étend sur toute la largeur du bas de l'estampe, et dont la vue se perd dans le lointain à droite. Elle baigne à gauche un rocher chauve, pointu et très escarpé, au bas duquel deux figures sont assises. Deux bâteaux à voiles calées, arretés près du bord se voient vers le milieu du fond, entre le rocher pointu et quelques écueils qui sortent de l'eau sur le devant de la droite. Les lettres A V E sont marquées sur un roc au bas du côté gauche.

43. *Le troupeau de cochons.*

4) Rue de village qui se tire du devant de la droite vers le fond à gauche. On voit au milieu une église dont le clocher pointu est presque caché par le feuillage des arbres qui s'élèvent de la droite. Vers le devant, presqu'au milieu de l'estampe, est un troupeau de six à sept cochons. Un de ces animaux que le porcher menace de son fouet, est sur le devant à gauche, près d'un homme enveloppé dans son manteau. Les lettres A V E sont dans une mare d'eau.

au dessous de la figure d'un paysan qui passe près d'une maison, à droite.

44. *La rivière au bas du grand rocher.*

5) Une rivière qui s'étend sur toute la largeur du bas de l'estampe. Elle coule au pied d'un rocher immense qui occupe le milieu, et dont la pente fuit dans le lointain à droite. Ce rocher est orné à son sommet de quelques fabriques, et percé à sa mi-hauteur. On voit sur la côte, vers la gauche, plusieurs chèvres au pâturage, et quelques figures près de deux nacelles, au bord de l'eau, vers le milieu. A droite, deux maisons et un moulin à eau sont situés sur le bord de la rivière, au delà des arbres qui le garnissent de ce côté. Les lettres A V E sont marquées à la gauche, tout près de l'eau.

45. *Le petit pont couvert.*

6) Un ruisseau coulant du fond de la droite vers le devant où il occupe toute la largeur de la planche. Son bord à gauche est élevé et couvert de verdure abondante. Il forme, presqu'au milieu de l'es-

tampe, un angle saillant près duquel une nacelle vuide est attachée. En cet endroit du bord un escalier composé de pièces de bois conduit à l'eau. Vers le lointain à droite on apperçoit un petit pont couvert en forme de corridor, qui communique avec le bord opposé que l'on ne voit qu'en partie à la droite de l'estampe, et qui est surmonté d'une tour ronde. Les lettres A V E sont marquées sur une pierre qui sort de l'eau près de la nacelle.

46. *Les deux hommes sur la terrasse élevée.*

7) Le devant de cette estampe est formé par une terrasse élevée qui s'étend depuis le côté gauche jusques sur deux tiers de la planche. Elle est raboteuse et couverte de buissons et de quelques arbres parmi lesquels se fait particulièrement remarquer un pin. Vers l'extrèmité de cette terrasse, au milieu de l'estampe, deux hommes vus par le dos sont debout. Un animal qui ressemble à un mouton, est aux pieds du plus élevé. A droite, le lointain offre la vue d'un petit village richement garni d'arbres, et situé au pied d'une

grande montagne qui fait partie de plusieurs autres qui fuient au milieu. La marque A V E se trouve au milieu du bas de l'estampe.

47. *Marine à travers le rocher percé.*

8) Un rocher percé, formant une voûte à travers laquelle se présente la mer avec deux vaisseaux allant à voile. On voit une figure vers le devant de la gauche; deux autres se font remarquer plus loin, sur une espèce de jettée, presqu'au milieu de l'estampe. Au bord de la mer, dans le lointain, paroît un petit château sur un rocher qui s'élève au pied d'une grande montagne. Les lettres A V E sont marquées au milieu du bas de l'estampe.

48. *Les deux hommes à la porte.*

9) Un hameau qui occupe la partie gauche de l'estampe. A la porte de la chaumière qui est la plus avancée, se voient deux hommes dont un est assis à terre. Le côté droit offre un lointain de plusieurs plans. Au delà d'une colline à pente douce, s'élève un groupe de quelques pins tout près du bord droit de l'es-

lampe. Au bas de ce même côté les lettres A V E sont marquées dans le coin.

49. *Le charpentier de village.*

10) On voit sur la gauche de cette estampe deux chaumières placées à quelque
distance l'une devant l'autre, et situées à
la mi-hauteur d'une montagne ; une troisième, plus éloignée, et presqu'au milieu
de la planche, se trouve au sommet. Un
ruisseau qui du milieu tombe en cascade,
se brise contre des rocs, en formant des
grands flots d'écume qui remplissent tout
le bas de la droite. Sur un des rocs se
trouvent les lettres A V E. A la gauche du
devant un homme vu par le dos tient de
ses deux mains le cordeau dont les char-
pentiers ont coutume de se servir. Trois
solives sont dispersées à ses pieds. Un peu
plus loin une femme est assise à terre.

50. *Le cavalier sur le petit pont.*

11) Un pays couvert de rochers dont les
uns sont chauves, les autres garnis d'arbres. Il est divisé par un ruisseau serpentant jusqu'au devant, et traversé, vers le
fond, par un petit pont de bois, sur le-

quel on voit un homme à cheval allant vers la droite. Sur le devant à gauche deux hommes debout s'entretiennent avec un troisième qui est assis sur un tronc d'arbre abbatu. Plus bas, deux autres troncs sont étendus moitié sur terre, moitié dans l'eau. Tout près d'eux le chiffre d'Everdingen est tracé en petites lettres sur une planche; mais on le voit une seconde fois, en plus grands caractères, sur une pierre qui sort de l'eau, vers la droite au bas de la planche.

51. *La chèvre sur le petit pont.*

12) Toute la moitié droite de ce morceau est occupée par un rocher escarpé, vers le haut duquel un homme enveloppé d'un manteau et assis paroît lire dans un livre. Un petit pont de bois, au milieu duquel on voit une chèvre à la suite d'un homme qui porte une hotte sur le dos, communique avec un autre rocher qui est à la gauche de l'estampe. Entre ces deux rochers coule un torrent qui s'étend jusqu'au bas. Le nom A. VAN EVERDINGEN est écrit contre le rocher de la droite, près de l'homme assis.

52 - 55. SUITE DE QUATRE ESTAMPES.

Largeur: 5 pouces. Hauteur: 3 pouces, 7-9 lignes.

52. *La nacelle retirée au bord.*

1) Le bord rocailleux d'une rivière que l'on ne voit qu'en partie vers le bas de la droite. Sur ce bord, à la gauche de l'estampe, deux hommes qui causent ensemble, sont assis à terre près d'une nacelle retirée de l'eau, et au milieu de la planche se voient trois à quatre chèvres qui se reposent. Au haut du bord, vers le fond, on opperçoit trois figures debout entre deux baraques. Le nom d'EVERDINGEN est écrit sur une pierre, au coin du bas, à gauche.

53. *Le petit pont de bois.*

2) A la droite de ce morceau un homme marche sur un petit pont aboutissant à un rocher qui remplit tout le côté gauche de l'estampe, et qui est surmonté de deux chaumières dont on ne voit cependant que les toits. Devant une de ces chaumières, tout au milieu de la planche, s'élève un bouquet de deux arbres. Sur le devant, un peu vers la gauche, deux paysans sont assis à terre, l'un près de l'autre. La droite

offre la vue d'un lointain qui représente une haute montagne, couverte de bois et baignée par une rivière. Les lettres A V E sont marquées sur une partie ombrée du rocher, vers le bas de la gauche.

54. *Les deux hommes de condition.*

3) Vers la droite, sur le second plan, deux hommes de condition, couverts de chapeaux ronds et vêtus de manteaux, sont assis l'un près de l'autre au bas d'un rocher escarpé et pointu. Ce rocher est contigu à un autre moins élevé qui fuit vers le fond de la gauche, et au haut duquel on apperçoit quelques chèvres. Le devant de ce côté est composé de deux petites collines très ombrées, dont l'une est garnie d'un arbre. Les mots EVERDINGEN FE. sont écrits sur un roc, entre les deux figures et le bord droit de l'estampe.

65. *L'inscription.*

4) Un chemin assez large entre deux rangs de rochers escarpés, surmontés de différens arbres. Sur le devant à gauche, un homme tenant son chapeau de la main gauche montre avec le bâton qu'il tient

de la droite, le nom d'ALLART VAN EVER-
DINGEN tracé sur un quartier de rocher,
et semble le recommander à l'attention
de deux autres hommes qui sont près du
bord de la planche, et presque vûs par
le dos.

56. *Les deux solives sur l'eau.*

Une rivière coulant du milieu du fond
vers la droite, où elle se replie pour con-
tinuer son cours jusqu'au devant qu'il remplit dans toute sa largeur. Son bord à
gauche est couvert de rochers de différentes formes, au pied desquels on voit
un homme debout tenant un long bâton,
devant un autre qui est assis à terre. La
rivière est traversée, vers le fond, par un
petit pont de bois, sur lequel un homme
se dirige vers une chaumière située à la
droite. De ce même côté deux solives
flottent sur l'eau. Les lettres A V E sont
marquées sur une pierre, au bas de la
gauche.

Largeur : 5 pouces, 1 ligne. Hauteur : 3 pouces, 4 lign.

57 - 64. SUITE DE HUIT ESTAMPES.

Largeur : 5 pouces, 4 lign. Hauteur : 2 pouces, 11 lignes.

57. *Le chariot au défilé.*

1) Entre des rochers qui remplissent toute l'estampe, un chemin serpente vers le milieu du fond, où l'on voit un chariot à deux roues, attelé d'un seul cheval sur lequel un homme est monté. Plus en avant, tout au milieu de l'estampe, marche un homme portant un paquet sur le dos. On voit quelques maisons au sommet des rochers qui occupent le côté gauche. Le chiffre A V E est marqué au bas de ce côté, dans le coin.

58. *Les deux barques dans la large rivière.*

2) Une large rivière au pied d'un grand rocher qui occupe la moitié gauche de l'estampe, et dont le sommet est garni de quelques maisons. Au bas de ce rocher, tout près du bord de la planche, sont deux hommes dans une nacelle. Deux autres dont un est assis, se voient sur le bord de l'eau. Deux barques à voiles sont arrêtées vers le devant à droite. Les lettres A V E sont gravées très en petit sur une pierre

qui sort de l'eau, tout au milieu de l'estampe.

59. *Les pins au défilé.*

3) Au devant de ce morceau est une
colline, à la mi-hauteur de laquelle sont
deux paysans assis à terre. Au delà s'élève
un grand rocher escarpé, surmonté de
quelques fabriques. Le défilé entre ce rocher et la colline est garni de plusieurs
pins. Les lettres AVE sont tracées vers le
milieu du bas.

60. *Les deux nacelles vuides.*

4) Un hameau sur le bord d'une large
rivière dont la vue se perd dans le lointain à droite, et qui, au devant, remplit
tout le bas de l'estampe. A gauche sont
deux nacelles vuides, et sur le bord se
voient deux hommes dont l'un fait rouler
un tonneau. Les lettres AVE sont tracées
au milieu de l'estampe, sur une pierre au
bord de l'eau.

61. *La nacelle dans les joncs.*

5) Un village orné de beaucoup d'arbres. Sur le devant à droite est une pièce
d'eau. On y voit un homme dans une na-

celle cachée en partie par les joncs. Au bord de l'eau un paysan debout s'entretient avec un autre qui est assis à terre devant lui. Vers le fond marche un homme vu par le dos et couvert d'un manteau court. Les lettres A V E sont marquées au bas de l'estampe, au dessous de la nacelle.

62. *Le roc pointu au bord de l'eau.*

6) La droite de ce morceau offre la vue d'une large rivière qui va se perdre dans le lointain. A gauche, sur son bord, sont deux chaumières isolées. Plus près de l'eau, presqu'au milieu de l'estampe, s'élève un roc pointu, et dans la même direction, vers la droite de l'estampe, est une nacelle moitié dans l'eau, moitié tirée au bord, au delà de laquelle se voient deux figures sur une langue de terre. Dans le fond à droite est un rocher immense baigné par la rivière. Il est percé au bas d'une ouverture qui offre un passage à l'eau. Les lettres A V E sont marquées sur une butte, au bas de l'estampe, vers la gauche.

63. *Les dessinateurs.*

7) Sur la droite de ce morceau, au som-

met d'une colline, un homme enveloppé
d'un manteau, et la canne à la main, passe
derrière deux artistes qui sont assis à terre
l'un près de l'autre, et dont celui qui est
le plus avancé, semble dessiner la vue
d'un pays montueux d'une vaste étendue
qui se présente dans le fond, à la gauche
de l'estampe. On voit les lettres A V E à
droite, sur une grosse pierre.

64. *Le moulin à eau au pied d'une mon-*
tagne.

8) Une montagne qui s'étend sur toute
la largeur de la planche. Un défilé qui
est presqu'au milieu, conduit en descendant à un moulin à eau, dont la roue est
mise en mouvement par un ruisseau qui
avance jusqu'au bas de l'estampe. On voit
à gauche, sur le bord de ce ruisseau, deux
hommes dont un est à cheval. Une troisième figure est assise au coin du moulin.
La partie droite de la montagne est entièrement couverte d'arbres touffus, et son
sommet est surmonté de quelques maisons. Ce morceau ne porte pas la marque
d'Everdingen

65 - 72. SUITE DE HUIT ESTAMPES.

Largeur : 5 pouces , 3 lignes. Hauteur : 3 pouces , 6 lignes

65. *Les tonneaux et les planches au bord de l'eau.*

1) Une large rivière qui, prenant son cours du milieu du fond, s'étend sur toute la largeur du bas de l'estampe. On y voit vers la droite deux pêcheurs dans une nacelle. Au delà de cette rivière, presqu'au milieu de l'estampe, s'élève une grande église. Le reste de la rive, vers la droite, est orné d'une plantation d'arbres. Le bord en deçà, à la gauche de l'estampe, est richement couvert d'arbres touffus qui viennent à la suite d'une petite maison, devant laquelle trois tonneaux et plusieurs planches sont rangées au bord de l'eau. Les lettres A V E sont marquées au coin bas de ce même côté.

66. *La nacelle sous le rocher percé.*

2) On voit au milieu de ce morceau une nacelle avec trois hommes, passant sous la voûte d'un rocher qui s'étend sur toute la largeur de la planche. Le haut de ce rocher est couvert d'arbres et d'arbrisseaux

de différentes espèces, entre lesquels le toit d'une hutte se montre à gauche. La marque A V E se voit au bas de la droite, sur une pierre sortant de l'eau.

67. *Les deux hommes à cheval le long des rochers.*

3) On voit à la droite de ce morceau deux hommes à cheval, sur un chemin bordé à droite de rochers qui s'étendent sur plus de la moitié de l'estampe, en se tirant vers le fond. Un homme ayant un bâton sur l'épaule, marche dans ce même chemin, au milieu de la planche, et un autre est assis tout à la droite. La gauche de ce chemin présente une pente escarpée, au bas de laquelle un torrent se jette sur plusieurs rocs jusqu'au milieu du devant. Le lointain est une ville. Le nom d'*Everdingen* se trouve écrit, en toutes lettres, sur un rocher à la mi-hauteur de l'estampe, près de son bord à droite.

68. *Les pins dans l'eau.*

4) Une pièce d'eau qui remplit tout le bas de l'estampe, en se tirant vers le fond de la droite. De ce côté, son bord est très

mince et garni de quatre pins plantés deux à deux tout près de l'eau où ils se mirent. Ce bord va en montant vers le devant à gauche, où s'élève un gros arbre dont la couronne dépasse le haut de la planche. A quelque distance de cet arbre, un homme portant un bâton sur l'épaule marche vers la droite. Le fond du côté gauche laisse apperçevoir les toits de quelques maisons et la partie supérieure d'une haie qui renferme une plantation d'arbres. Les lettres A V E. sont marquées sur une grosse racine de l'arbre du devant à gauche.

69. *Le paysan à cheval.*

5) Au milieu de l'estampe est un rocher surmonté d'une cabane, et orné, vers la gauche, de deux arbres, sous lesquels on apperçoit deux figures. Un chemin commençant du milieu du bas conduit dans le fond à gauche, où l'on remarque quelques chaumières, vers lesquelles s'avance un paysan à cheval accompagné d'un autre à pied. Un peu plus en avant une femme se dirige vers la droite. De ce même côté, tout en avant, les lettres A V E sont marquées sur un quartier de rocher.

70. *Les trois voyageurs au pied du grand rocher.*

6) Sur le devant à gauche trois voyageurs, dont un est assis, s'entretiennent au pied d'un grand rocher escarpé, au sommet duquel on remarque quelques chèvres. Une montagne surmontée de fabriques s'élève dans le fond, vers le milieu de la planche. Plus loin encore, mais à la droite, est un village. Les lettres A V E sont tracées sur une des deux pierres qui sont sur le devant à droite, et au delà desquelles on voit deux figures qui marchent de compagnie.

71. *Les deux paysans sur la colline.*

7) Un groupe de plusieurs collines dont la plus avancée est surmontée à gauche d'un arbre, au pied duquel sont couchés deux troncs abbatus. A quelque distance se reposent deux paysans dont l'un est assis, l'autre couché sur le ventre. On distingue deux autres figures dans un chemin qui, longeant les collines, tournoye vers le fond. Un lointain qui est au bas de la droite, offre la vue d'un village garni d'arbres. Le chiffre A V E est mar-

qué tout au bas de ce côté, sur une petite pierre.

72. *Le porte-faix.*

8) Vers le devant de la droite marchent
trois hommes suivis d'un porte-faix dont
le dos est chargé d'un grand paquet. Ces
figures dirigent leurs pas vers un village
qui remplit toute la largeur du fond, et
qui est richement garni d'arbres. Un rocher ressemblant à un bout d'une carrière
forme le devant à gauche. Les lettres A
V E sont légérement tracées au bas de la
droite.

73. *Le chariot.*

Sur une petite hauteur qui est à la
gauche de l'estampe, sont deux maisons,
le long desquelles un chemin descend en
droiture vers le devant. On y remarque
un homme à côté d'une femme qui tient
un chapeau rond devant elle. Une autre
femme se voit plus haut, près du coin de
la première maison. Presqu'au milieu de
l'estampe, deux grands arbres accouplés
s'élèvent de la pente du terrain. Un chariot attelé de deux chevaux que l'on voit
à droite, se dirige vers le fond, au mi-

lieu duquel on apperçoit en partie le toit d'une maison cachée par une plantation qui s'étend sur tout le côté droit. Les lettres A V E sont marquées au bas de la gauche.

Largeur : 5 pouces, 4 lign. Hauteur : 3 pouces, 10 lign.

74. *Le rocher pointu.*

La gauche de ce morceau est occupée par un rocher chauve dont la pointe principale s'élève obliquement au milieu de la planche. Sur le terrain inférieur plusieurs quartiers de rochers sont dispersés, savoir un sur le devant à gauche, deux à droite, et un vers le milieu. Le fond offre la vue d'un autre rocher, au sommet duquel sont deux chaumières entourées d'arbres. La vallée entre ces deux rochers est remplie par une plantation, dans laquelle on remarque un pin qui s'élève à droite près du bord de la planche. De ce même côté, sur le devant, les lettres A V E sont marquées sur un des quartiers de rocher.

Largeur : 5 pouces, 4 lign. Hauteur : 3 pouces, 10 lign.

75. *La femme regardant la nacelle.*

Vers la droite de cette estampe est une petite maison, le long de laquelle coule un ruisseau tombant en cascade d'une espèce de digue composée de solives. De l'autre côté de cette maison, presqu'au milieu de l'estampe, une femme debout sur un avancé en charpente, au bord d'une rivière assez large, dirige ses regards à gauche vers deux hommes qui sont dans une nacelle. Du même côté, mais sur le bord en deçà, deux hommes vus par le dos sont assis près d'une grande pièce de bois. Tout le bord opposé est garni de différens arbres, ainsi qu'une chaumière qui est à droite vers le fond. Le nom A. V. EVERDINGEN est écrit au bas de la gauche.

Largeur: 5 pouces, 6 lign. Hauteur: 3 pouces, 5 lign.

76. *La chaumière affaissée.*

Vers la droite un arbre s'élève d'une petite colline que longe un chemin tournoyant vers le fond, en passant devant deux chaumières qui sont à la gauche de l'estampe, et dont une s'est affaissée. On voit vers le devant, presqu'au milieu, trois hommes dans le chemin. L'un s'éloigne, les deux autres, accompagnés d'un chien, s'avancent. Le fond offre un bois qui s'étend sur toute la largeur de la planche. Les lettres A V E sont marquées vers la droite du bas.

Largeur : 5 pouces, 6 lign. Hauteur : 3 pouces, 5 lign.

77. *La roue sous le toit mobile.*

Un hameau, où l'on remarque vers le milieu un toit carré, propre à couvrir un grand tas de bled ou de foin. Il est traversé aux quatre coins par des palis, le long desquels on peut le monter ou le faire descendre. On distingue une roue de chariot dans l'ombre que sa voûte occasionne. Par une haie garnie d'une petite porte de bois, ce toit communique à une chaumière que l'on voit en partie toute à la droite de l'estampe. Sur le devant à gauche marche un homme vu par le dos, chargé d'un paquet, et portant un panier au bras. Il dirige ses pas vers le fond, où marche un autre homme portant un bâton sur l'épaule. Le nom A. V. EVERDINGEN est écrit au bas de la droite.

Largeur : 5 pouces, 6 lign. Hauteur : 3 pouces, 6 lign.

78. *Le moulin sous la chûte d'eau.*

Un hameau garni de beaucoup d'arbres

situé sur la rive d'un ruisseau qui, coulant du fond de la gauche vers le devant de la droite, forme une chûte dans toute sa largeur, au dessus de la roue d'un moulin placé au milieu de l'estampe. Sur le devant à gauche, un meûnier portant un sac de farine passe devant deux hommes qui sont assis à terre, contre une butte où les lettres A V E sont marquées.

Largeur : 5 pouces, 8 lign. Hauteur : 3 pouces, 7 lign.

79. *La branche d'arbre.*

Une rivière coulant du fond de la gauche jusqu'au devant de la droite, où elle s'étend sur la moitié de la planche. Le devant, dans toute sa largeur, est garni de plusieurs grosses pierres détachées d'un rocher qui occupe la gauche, et qui est couvert d'arbres. Une grande branche séparée d'un de ces arbres, et dont l'extrèmité se plonge dans l'eau, se remarque au milieu de l'estampe. On voit deux chèvres sur la droite. Le bord opposé de la rivière offre, dans le lointain, une riche plantation, au dessus de laquelle s'élève un grand édifice orné d'une tour carrée.

Largeur : 5 pouces, 9 lign. Hauteur : 3 pouces, 7 lign.

80. *Le paysan suivi de son chien.*

La partie gauche de ce morceau présente une colline dont le sommet est garni de différens arbres et arbrisseaux. Dans un chemin qui longe cette colline, en se tirant vers la droite du fond, on voit un paysan suivi de son chien, passant devant deux hommes assis au milieu de l'estampe. Le lointain qui est d'une grande étendue, offre à droite la vue de quelques villages situés sur le bord d'une rivière, au pied d'une chaîne de montagnes. Les lettres A V E sont marquées vers le bas de la droite.

Largeur : 5 pouces, 11 lign. Hauteur : 3 pouces, 9 lign

81. *La forêt.*

Une forêt très épaisse, où l'on remarque particulièrement deux grands arbres aux deux côtés d'une butte de terre qui occupe le milieu de l'estampe. L'un de ces arbres, au delà de la butte, s'élève tout droit, l'autre qui paroît déséché, se penche vers la droite. On apperçoit dans le fond à droite un homme chargé d'un fagot, marchant à côté d'un autre qui est à cheval. Le nom d'EVER-DINGEN est écrit au bas de la gauche.

Largeur : 5 pouces, 6 lign Hauteur : 4 pouces, 2 lign

82 - 87. SUITE DE SIX ESTAMPES.

Largeur : 5 pouces, 9 - 10 lignes. Hauteur : 4 pouces,
5 - 6 lignes.

82. *La large rivière.*

1) Ce morceau représente une large rivière baignant le pied d'une haute montagne qui s'élève dans le milieu du lointain. On voit à droite, sur son bord en
deçà, une petite maison, près de laquelle
s'élèvent deux arbres plantés en dehors
d'une haie. Une autre chaumière, entourée
de plusieurs grands arbres et d'une haie
vive est placée à la gauche de l'estampe.
Près de cette haie marchent de compagnie deux hommes dont l'un porte un bâton sur l'épaule. Les lettres A V E sont marquées tout au bas de ce même côté.

83. *La grange à toit mouvant.*

2) Vue d'un village. On y remarque
particulièrement une chaumière placée
presqu'au milieu de l'estampe. Devant elle
est une grange à toit mouvant, et sur la
droite on apperçoit une autre maison ombragée par un grand arbre. Vers le devant de ce même côté marchent deux pay-

sans vus presque par le dos. Sur celui du côté opposé est une butte garnie d'un bouquet d'arbres. Le fond présente deux maisons placées en largeur. On remarque quatre troncs d'arbres abbatus sur le terrain raboteux qui forme le devant de l'estampe. Le chiffre A V E se trouve au coin bas, à droite.

84. *Le clocher.*

3) On voit presqu'au milieu de ce morceau une église dont le bas est caché par une plantation d'arbres touffus ; elle est ornée, à gauche, d'un clocher dont la pointe se termine en flèche. Le fond au delà offre la vue d'une grande montagne. Le terrain ouvert du devant est divisé par un chemin sur lequel marchent deux hommes dont l'un porte un paquet sur le dos, l'autre un bâton sur l'épaule. Un troisième se repose vers la droite sur une pente bordée de buissons, d'où s'élèvent deux arbres. Les lettres A V E sont marquées au bas de la droite.

85. *Les deux chariots.*

4) Vue de trois montagnes qui s'élèvent en amphithéâtre. Celle de la gauche qui est la plus avancée, est ornée à son som-

met d'un petit village, et garnie à son pied
d'une plantation d'arbres. La seconde, à
droite, n'est vue qu'en partie. La troisième
qui est la plus éloignée et dont la grandeur est immense, regne sur toute la largeur de la planche. Le devant de ce morceau est animé par deux chariots attelés
chacun d'un seul cheval, et suivis de leurs
charretiers. Derrière celui qui se trouve
vers le milieu, marche un homme qui
porte un paquet sur le dos. Les lettres
A V E sont marquées au bas de la droite

86. *Le paysage aux trois hommes chargés.*

5) Vers la droite de ce morceau deux
hommes à la suite l'un de l'autre, et portant chacun un paquet sur le dos, marchent à la rencontre d'un troisième qui est
chargé de la meme manière, sur un chemin conduisant en droiture vers le fond
où l'on apperçoit quelques maisons situées
dans un creux. Sur le devant à gauche un
paysan s'avance vers le spectateur.

87. *Le berger.*

6) Le devant de ce morceau est un terrain raboteux et elevé, qui remplit toute

la largeur de la planche, et qui est le rivage d'un ruisseau qu'on voit en partie à
la droite. On apperçoit sur ce terrain un
berger faisant marcher un mouton vers
la gauche. Au delà de l'eau se présente un
hameau entouré d'arbres et de buissons
touffus. Le troisième plan de ce paysage
est terminé à gauche par deux montagnes
douces qui fuient dans le milieu du lointain. Les lettres A V E sont marquées à
gauche, vers le milieu du bord de la
planche, au dessous d'une figure vue à
mi-corps.

88. *La nacelle.*

Un village garni de beaucoup d'arbres,
et traversé par une petite rivière qui, venant du fond de la gauche, se tire vers le
devant de la droite, où elle s'étend jusqu'au
bas de la planche. Sur le devant à gauche
sont deux tonneaux près d'une chaumière,
et un peu plus loin, deux cochons. Au
milieu de l'estampe une nacelle vue dans
toute sa longueur est attachée au bord de
l'eau. Au delà, et dans la meme direction,
on apperçoit en partie une barque conduite par un homme.

Largeur: 6 pouces. Hauteur: 3 pouces, 9 lignes

89. *La forêt épaisse.*

Une forêt très épaisse, dans laquelle on remarque un gros arbre dont les racines découvertes sortent d'une masse de terre qui occupe la droite de l'estampe. On voit à gauche un chemin qui conduit du fond sombre de la forêt jusqu'au milieu du devant, où un paysan chargé d'un fagot marche à côté d'un homme suivi d'une femme, et portant un grand paquet sur le dos. Les lettres A V E sont marquées vers le milieu du bas de l'estampe.

Largeur: 6 pouces. Hauteur: 3 pouces, 9 lignes.

90-93. SUITE DE QUATRE ESTAMPES.

Largeur: 6 pouces. Hauteur: 4 pouces, 7-8 lignes.

90. *Les deux échelles.*

1) A la gauche de ce morceau s'élève une maison assez haute, contre laquelle deux échelles sont appuyées. Plusieurs autres maisons garnies d'arbres se voient dans le fond à droite. Sur le devant, presqu'au milieu de l'estampe, est un groupe de trois cochons près d'un paysan vu par le dos et assis sur le tronc d'un arbre abbatu. On remarque à une

petite distance un autre homme qui se repose, en s'appuyant contre un pareil tronc étendu à droite, et un troisième est assis sur un banc de terre pratiqué autour d'un arbre planté vers le fond. Le chiffre A V E est tracé au bas de la droite, dans le coin.

91. *Paysage en manière noire.*

2) Paysage gravé en manière noire d'un ton si rembruni qu'on n'y distingue les objets que très confusement. On apperçoit sur la gauche une maison assez haute, au coin de laquelle s'élève une cheminée qui vient occuper presque le milieu de l'estampe, et qui cache la lune dont la foible lueur l'environne. Le côté droit fait voir une masse d'arbres touffus. Entre ces arbres et la maison sort un clocher pointu. Ce qu'il y a de plus distinct dans ce morceau, est le devant à droite, ou l'on voit un reste de mur delabré, garni d'une espèce de pilotis.

92. *Les cabanes.*

3) Plusieurs cabanes rangées sur toute la largeur de la planche, et garnies, au dela. de différens arbres, entre lesquels s'élève.

à gauche, le pignon d'une maison. Vers le devant à droite un homme chargé d'un fardeau, s'appuyant de ses deux mains sur un bâton, fait face à un autre qui s'approche de lui. Le chiffre AVE est marqué au coin gauche du bas de la planche.

93. *L'homme entre les deux pins.*

4) A la gauche de ce morceau est une petite hauteur garnie de deux grands pins, entre lesquels on distingue une figure tenant un long bâton. Vers le milieu de l'estampe s'élève un arbre feuillu jusqu'au bas de son tronc. Un peu plus en avant, et vers la droite, est une partie de buissons, au delà desquels on apperçoit un toit de chaume, et vers le fond, une maison et une tour carrée, entourée de beaucoup d'arbres. Le lointain de ce côté est terminé par une haute montagne.

94. *Le quartier de rocher.*

Sur le devant à gauche s'élève un grand arbre dont la couronne, qui depasse le bord supérieur de la planche, ne se fait voir qu'en partie. A la droite est un quartier de rocher. Des pins garnissent le fond de l'estampe dans toute sa largeur. Les lettres A V E sont tracées au bas de la gauche.

Largeur : 6 pouces. Hauteur : 4 pouces, 10 lignes.

95-98. LES FONTAINES D'EAUX MINÉRALES.

Suite de quatre estampes.

Largeur : 6 pouces, 2 - 4 lignes. Hauteur : 4 pouces, 6 - 7 lignes.

95. *Premier morceau.*

1) A la gauche de ce morceau est une fontaine, près de laquelle une femme debout, vue presque par le dos, boit dans un verre. Une autre femme est assise au bas d'une des deux colonnes dont la fontaine est ornée. Un cordelier assis à terre, et un homme debout, ainsi qu'une dame se trouvent à une petite distance, vers le milieu de l'estampe. Sur le devant à droite un gueux semble demander l'aumône à un cavalier accompagné d'une dame comme lui à cheval, et suivie d'un valet de pied. Le fond de ce morceau est animé par un grand nombre de figures qui s'agitent le long du mur d'un jardin qui s'étend presque sur toute la largeur de la planche. Deux religieuses et deux capucins se pro-

mènent près d'un champ de bled, ceux-ci
vers le milieu, celles-là à la droite de l'estampe. Le chiffre A V E est tracé sous la
corniche de la fontaine.

96. *Second morceau.*

2) Place publique d'une ville, où nombre de figures de tout état sont repandues.
On remarque à droite une maison avec
un portail dont le fronton est surmonté
de la statue d'un saint Evêque. Devant
ce portail un homme verse de l'eau miné-
rale aux buveurs qui se présentent. Le
nom d'*Everdingen* est écrit sur un tronc
d'arbre étendu sur le devant à droite,
près d'une voûte.

97. *Troisième morceau.*

3) Paysage montueux. On y voit vers
la gauche, au bas et en avant d'un tertre,
une fontaine ornée d'un petit toit pointu,
élevé sur quatre colonnes. Un homme y
est occupé à remplir les pots de nombre
de personnes qui s'empressent autour de
lui. Beaucoup d'autres figures dont quelques unes à cheval, sont distribuées dans
ce paysage dont le fond est terminé par

un bois. Les lettres A V E sont gravées sur le socle de la fontaine.

98. *Quatrième morceau.*

4) Le petit ouvrage en maçonnerie que l'on voit au milieu de cette estampe, représente la porte de la source, devant laquelle quatorze à quinze figures ont l'air d'attendre qu'elle s'ouvre. Ces figures, qui occupent le devant de la gauche, sont au pied d'une colline surmontée d'un bois d'où on les juge descendues par l'escalier qu'on distingue. Au milieu, deux capucins dont l'un assis, sont en conversation. Un autre groupe de quatre figures paroît à droite près d'une butte, au delà de laquelle s'élève une maison.

99. *Le moulin à eau.*

Au milieu de cette estampe une maison en charpente, semblable à un moulin à eau, est bâtie sur deux rocs, d'entre lesquels l'eau d'une rivière s'écoule rapidement par un conduit pratiqué au dessous de la maison. On apperçoit à la gauche de l'estampe un homme portant un bâton sur l'épaule, et conduisant un enfant par

la main ; une autre figure se voit plus haut,
près de la maison.

Largeur : 7 pouces. Hauteur : 4 pouces, 10 lignes.

100. *La butte.*

Sur le devant de ce morceau se fait remarquer une grande butte de terre, baignée à gauche par un ruisseau qui forme
une petite cascade, et s'étend jusqu'au bas
de la planche. Au bas du côté opposé de
la butte un homme et une femme sont assis à terre. Un autre homme passe devant eux, dans un chemin longeant une
petite maison en charpente qui est vue
de face. On apperçoit vers le milieu de
l'estampe une chaumière située, à ce qu'il
paroit, sur le bord opposé du ruisseau.
Elles sont entourées, l'une et l'autre, d'arbres touffus. Les lettres A V E sont marquées au haut d'un quartier de rocher qui
sort de l'eau, sur le devant à gauche.

Largeur : 7 pouces. Hauteur : 5 pouces.

101. *Le ruisseau traversant le bois.*

Un bois traversé par un ruisseau qui, venant du milieu du fond, serpente jusqu'au
devant, où il s'étend sur plus de la moi-

tié gauche de l'estampe. A droite se fait remarquer un gros arbre dont la tige est rompue vers le haut, et dont le tronc seul est garni de branches et de feuillage. Au delà de cet arbre, un homme s'occupe à radouber une nacelle retirée sur le bord. Une autre figure se voit près d'un tronc d'arbre renversé. Vers la gauche, un groupe d'arbres s'élève d'un petit terrain, auquel aboutit un petit pont de bois, où les lettres A V E sont marquées.

Largeur : 7 pouces. Hauteur : 5 pouces, 2 lignes.

On a deux épreuves différentes de ce morceau.

La première est celle que l'on vient de décrire. Elle est très rare.

La seconde a été diminuée par la gauche et par le haut ; elle ne porte que 4 pouces, 9 lignes de largeur, sur 4 pouces, 3 lignes de hauteur. Tous les objets de la gauche y manquent, à l'exception d'un seul arbre qui, dans la première épreuve, fait partie d'un groupe. En outre le bout tronqué du grand arbre, à la droite de l'estampe, y est garni d'une couronne.

102. *La cascade près du moulin à eau.*

Ce morceau représente un moulin à eau situé sur une hauteur vers la droite de l'estampe ; la roue est mise en mouvement par un ruisseau qui forme une double cascade, et dirige son cours vers la gauche, où il occupe plus de la moitié de la planche. De ce côté on voit un homme assis sur un tronc d'arbre, au bord d'un petit pont qui conduit dans un bois. On apperçoit une souche sur le devant à droite. Les lettres A V E sont marquées au bas de l'estampe, tout près de la rive droite de l'eau.

Largeur : 7 pouces, 3 lignes. Hauteur : 5 pouces, 1 lign.

103. *L'homme passant le petit pont.*

Vue d'un village entrecoupé par un ruisseau qui s'étend à gauche sur plus de la moitié de la planche. Ce ruisseau est traversé par un petit pont de bois, sur lequel marche un homme chargé d'un paquet. On y voit aussi deux moutons. Au delà de ce pont, vers la droite, est une chaumière entourée d'arbres et de buissons. Un peu plus loin, de ce même côté, s'élève un clocher pointu. Le lointain qui se présente vers le milieu, offre la vue d'un autre clocher et de plusieurs maisons richement garnies d'arbres. Le nom d'EVERDINGEN est écrit sur un roc qui sort de l'eau vers la droite, au bas de l'estampe.

Largeur : 7 pouces, 3 lignes. Hauteur : 5 pouces, 8 lign.

PLANCHES GRAVÉES EN MANIÈRE NOIRE.

104. *Vénus et l'Amour.*

Vénus couverte d'un vêtement et assise sur un nuage est dirigée vers la droite. Elle semble écouter l'Amour qui est devant elle, tenant une flèche de la main gauche. Ce morceau gravé en manière noire est attribué à Everdingen. Le dessin en est si médiocre qu'on ne peut regarder cette planche (si toutes fois elle est son ouvrage) que comme un essai de jeune homme dans ce genre de gravure.

Hauteur : 6 pouces. Largeur : 4 pouces, 8 lignes.

105. *Les trois Capucins.*

Autre morceau gravé en manière noire d'un ton fort rembruni. On y voit trois Capucins assis à terre en triangle. Le pre-

mier, à gauche, a sa tète penchée sur ses
genoux ; le second , à droite, a la main élevée, et semble parler ; le troisième, au
milieu du fond, lit dans un livre qu'il
tient ouvert sur ses genoux. Ce morceau
est assez bien dessiné , et d'un bel effet.

Largeur : 5 pouces , 5 lign. Hauteur : 3 pouces , 6 lign.

ESTAMPES DU REYNIER LE RENARD ; AN-
CIEN FAMEUX POEME ALLEMAND
DE HENRI D'ALKMAER.

Suite de 57 planches *).

Largeur : 4 pouces , 2 - 3 lignes. Hauteur : 3 pouces ,
3 - 6 lignes.

I.

Le renard monté sur l'âne , entouré d'un
loup , d'un ours et d'un bélier. L'âne est
dirigé vers la droite. Ce morceau orne le
titre de l'édition de Gottsched.

---

*) On trouve ces estampes , accompagnées de 5 planches
gravées par *Simon Fokke* , dans la traduction en Allemand
moderne , faite par *J. C. Gottsched* , et imprimée en 1752 à
Leipzig, in folio. Mais comme il n'est pas vraisemblable,
que les planches *d'Everdingen* n'aient été employées que

2.

Le lion annonçant une paix générale et durable aux animaux qui l'entourent. Il est couché à droite, au pied d'un arbre sur lequel grimpe un singe.

3.

Le renard accusé devant le lion par le loup et plusieurs autres animaux. Le lion dirigé vers la droite retourne sa tête vers le renard qui est au milieu de l'estampe.

4.

Le loup reprochant au renard, d'avoir mangé des poissons qu'il vient de dérober. Ces deux animaux sont vers la droite, et le chariot du marchand de poissons se voit au milieu du fond de l'estampe.

5.

Le coq accusant devant le lion le renard du meurtre d'une de ses poules. Le coq est sur le devant à gauche, le lion occupe le milieu du fond.

---

plus de cent ans après la mort de leur auteur, il est à croire qu'elles ont eu d'abord une autre destination, peut-etre celle de décorer la traduction Hollandoise des fables de Reyniei le renard qui suivant *Gottsched* a été publiée à Amsterdam en 1694.

6.

Le renard déguisé en moine, s'insinuant dans la confiance du coq. Ce dernier est perché à l'entrée d'un poulailler qui se voit à la droite de l'estampe.

7.

Le lion prenant l'avis des autres animaux sur la punition à infliger au renard. Le lion est couché à droite, accompagné d'une lionne. On voit devant lui un chat, deux loups, un chien, un ours, une panthère, un lievre et un blaireau. Ce dernier animal est au milieu du devant.

8.

L'ours annonçant au renard le decret du conseil des animaux, qui lui enjoint de paroître devant leur tribunal. L'ours est assis à droite, et le renard est caché dans sa renardière à la gauche de l'estampe.

9.

Le renard promettant à l'ours, de le conduire dans un endroit où il trouveroit du miel en abondance. L'ours est vu de profil vers la gauche de l'estampe, le renard est à droite, accompagné de deux autres.

10.

L'ours est pris dans la fente du tronc

d'un chène abbattu, où il avoit fouré sa tète et ses deux pattes, suivant le conseil du renard. Il est dirigé vers la gauche. Le renard vu presque par derrière est sur le devant. Ce morceau est couvert d'un fond noire, gravé en manière noire.

11.

L'ours assailli par les paysans. Cet animal est représenté au milieu de l'estampe, dirigé vers la droite, et retournant sa tète. Il a les pattes encore prises dans la fente du tronc d'arbre. Ce morceau est pareillement chargé de manière noire.

12.

Le renard insultant au malheur de l'ours. Cet animal est assis sur le devant à gauche : le renard est vu vers le fond de la droite, près d'un moulin à eau.

13.

L'ours en présence du lion, se plaint du tour que le renard lui a joué. Il est à la gauche de l'estampe, tenant ses pattes sur sa tète, vis-à-vis du lion qui est entouré de plusieurs animaux.

14.

Le chàt choisi par le conseil des animaux, cite le renard de comparoitre devant le tribunal. Le chât se voit à la gauche de l'estampe, vis-à-vis du renard qui est accompagné de trois autres animaux de son espèce.

15.

Le chât prêt à fourer dans un trou, où le renard lui fait espérer beaucoup de souris, est représenté grimpant le long d'une grange qui se voit en partie à la gauche de l'estampe. Cette planche est chargée de manière noire.

16.

Le chât pris au lacet est maltraité par les habitans de la maison. On voit sur la droite la ménagere du curé, qui se lamente de ce que le chât poussé au deséspoir, mord son maître entre les cuisses. Ce morceau est pareillement chargé de manière noire.

17.

Le renard est cité pour la troisième fois par le blaireau deputé à la place du chât. Le blaireau se voit à la gauche de l'estampe, vis-à-vis du renard qui est accompagné de sa femelle et de ses petits.

18.

Le renard part avec le blaireau, après avoir recommandé à sa femelle ses deux petits les plus chers. La femelle est vue sur le devant à gauche. Le lointain de ce côté représente un rocher escarpé, surmonté de quelques fabriques.

19.

Le loup sonnant une cloche d'église, à la corde de la quelle le renard l'a attaché par les deux pattes de devant. On voit sur le devant à gauche les moines qui accourent, et vers la droite du fond, des paysans armés qui vont maltraiter le loup. Ce morceau est chargé de beaucoup de manière noire.

20.

Le renard s'echappant avec un chapon rôti qu'il vient de voler sur la table d'un ecclésiastique, dans le dessin de fixer l'attention de ses persécuteurs sur le loup tapi dans le bas d'une armoire, où le renard l'avoit engagé à se fourer. L'ecclésiastique est à la gauche de l'estampe, à la poursuite du renard qui court vers la droite du devant. Cette planche est couverte de manière noire.

21.

Le blaireau, à qui le renard a confessé les fourberies représentées dans le deux pièces précédentes, lui donne l'absolution, en lui imposant pour pénitence, de sauter trois fois par dessus un bâton de fagot. Le renard est représenté dans l'action de sa pénitence, au milieu de l'estampe, près du blaireau qui se voit à gauche.

22.

Le renard, en continuant son chemin vers la cour du lion, veut se saisir d'un coq, et en est reprimandé par le blaireau. Cet animal est représenté sur le devant à droite, la tête retournée vers le renard qui poursuit le coq vers la gauche.

23.

Le renard traduit devant le lion, est accusé par plusieurs animaux. Celui-ci est couché au milieu du fond sur une butte; l'autre vu par derrière est au milieu du devant. On voit à gauche le lievre, le loup et le bouc, et à droite l'ours, le chien, le chat et le coq.

24.

Le renard condamné à la peine de mort, après s'être inutilement défendu. Il est représenté à droite, vis-à-vis du loup qui lui montre les dents, et en avant du chien et de l'ours. Le lion est couché à gauche, accompagné de la lionne et de la panthère.

25.

Les parens du renard, le voyant condamné et prêt à marcher au supplice, demandent à se retirer de la cour. Le patient, la corde au cou, est sur le devant. au milieu de l'estampe. Le lion entouré de quelques animaux, se repose à droite.

26.

Le renard sur le point d'être pendu, demande pour dernière grace la permission de se confesser. Il est représenté à droite, au pied d'un arbre où le chat va l'accrocher. Le lion entouré de nombre d'animaux se voit à gauche, tenant un bâton de sa patte droite.

27.

Le lion suspendant l'éxécution du renard, pour lui faire subir un dernier interrogatoire. On voit le renard, la corde au cou. près du coq, du belier et de l'ours, vis-à-vis du lion qui est couché vers la droite, sur une petite élevation.

28.

Le renard faisant le faux aveux d'un complot tramé par son père contre le

P 2

lion. Le renard est à droite, prosterné devant le lion qui est couché à gauche entre la lionne et la panthère.

29.

Le renard continue son mensonge. On le voit sur le devant à gauche, à une petite distance du lion qui l'écoute avec grande attention. Les autres animaux, éloignés par l'ordre du lion, paroissent dans le fond à droite.

30.

Continuation des faux aveux du renard. Il est assis au milieu de l'estampe, au pied d'un arbre, vis-à-vis du lion qui se voit sur le devant à droite, accompagné de la lionne et de la panthère.

31.

Le renard poursuivant sa narration mensongère, fait espérer au lion et à la lionne, de retrouver un trésor dérobé à leurs majestés par son père. Le renard à la gauche de l'estampe, a la tête tournée vers le lion et la lionne qui sont à droite, sur une butte.

32.

Le lion pardonnant au renard, ordonne aux autres animaux d'oublier ses crimes.

Le lion accompagné de la lionne est sur un rocher escarpé, à la gauche de l'estampe. Il parle aux autres animaux qui sont assemblés au bas, vers la droite.

33.

Les ennemis du renard éffrayés de sa mise en liberté. Le lion, entre la lionne et le singe, est couché au milieu de l'estampe, sur un terrain élevé. Au milieu du devant est le renard, à droite sont l'ours et le belier, et à gauche le loup, le chien, le coq et le corbeau.

34.

Exécution d'un ordre du lion, en vertu duquel on enlève à l'ours un morceau de la peau de son dos, tandisqu'on écorche les pattes du devant du loup, et celles de derrière de la louve, le tout pour en faire au renard, qui a prétexté un pélérinage à Rome, des souliers et un sac de voyage. Cette scène se passe à la gauche de l'estampe, au pied d'un grand arbre.

35.

Le belier, chapelain de la cour du lion, donnant la bénédiction au renard, avant son départ pour le pélérinage. Le belier, le renard, le lion et la lionne sont sur la gauche de l'estampe ; plusieurs autres animaux se voient dans le fond.

36.

Le renard parvenu à l'entrée de sa renardière, accompagné du belier et du lapin, engage ce dernier à s'y introduire, et le tue. Le renard et le lapin se voient à gauche, à l'entrée de la renardière ; le belier est au milieu du devant, sur un terrain élevé.

37.

Le renard renvoyant le belier vers le roi avec un paquet qui, au lieu de depèches, renferme la tête du lapin tué. Le belier, vu presque par derrière, est au milieu de l'estampe ; le renard, vers la droite du devant, le regarde partir.

38.

Le belier arrivé à la cour, et ayant remis le paquet, le singe, secrétaire du lion, en retire la tête du lapin, au grand étonnement de tous les assistans. Le belier, devant la tête du lapin, est debout vers la gauche, ayant l'air de regretter de s'être déclaré l'auteur des conseils contenus dans les lettres du renard et adressés à sa majesté. Le singe, vers le milieu du devant, regarde dans le paquet. Le lion est à droite, entre la lionne et le léopard, au pied d'un arbre.

39.

Le lion se voyant trompé par le renard, met en liberté l'ours et le loup qu'il avoit fait emprisonner, pour avoir continué à mal parler du renard, et remet le belier à leur disposition. On voit l'ours au milieu, et le loup à côté du lion, à la droite de l'estampe.

40.

Fête célébrée à la cour du lion, en l'honneur de l'ours et du loup. Ces deux animaux sont représentés dansant ensemble, au son d'une cornemuse jouée par un chat asssis à gauche, sur une butte.

41.

Ce morceau représente une action criminelle du renard dont la corneille fit le recit au lion pendant une fête de table. Ayant trouvé le renard étendu comme mort sur le dos, la corneille et sa femelle s'approchèrent de lui pour le secourir. Pendant qu'ils cherchoient à voir s'il donnoit encore signe de vie, le renard s'élève tout-à-coup, et mord la tête à la femelle qui s'étoit approchée trop près de sa gueule. On voit le renard étendu sur le dos, presqu'au milieu, et les deux corneilles à la gauche de l'estampe.

42.

Le lion irrité contre le renard, ordonne à tous les animaux de le suivre pour aller chercher ce criminel dans sa renardière. Le lion, au milieu de la lionne et du léopard, est couché sur la gauche de l'estampe, entouré des autres animaux, parmi lesquels se fait particulièrement remarquer l'ours vu par le dos, et assis au milieu du devant.

43.

Le blaireau s'empressant d'avertir le renard du dessin du lion, et de le prévenir sur le danger dont il est menacé. Le renard occupé à plumer deux pigeons, est au milieu de l'estampe ; il retourne sa tête vers le blaireau qui arrive de la gauche du fond.

44.

Le renard, sûr de calmer la colère du lion, part avec le blaireau pour se présenter à sa cour. Il raconte à son compagnon pendant la route, le tour qu'il joua

un jour au loup, au sujet de ce que celui-ci eut envie de s'emparer du poulain
d'une jument. Ce récit fait le sujet de
l'estampe. La cavalle est vers la droite,
culbutant le loup d'une ruade. Le renard
regarde à quelque distance, au sommet
d'une colline, vers le fond à gauche.

45.

Le renard parvenu à la cour du lion,
se disculpe sur ses crimes. On voit le renard presqu'au milieu de l'estampe, devant le lion qui est assis à droite, sur une
butte, entouré des autres animaux, parmi
lesquels on remarque particulièrement le
blaireau, le chat et le coq, qui se trouvent rangés sur le devant.

46.

Un lapin courant à la rencontre du renard qui est au devant de la droite. On
voit un chariot dans le fond de ce même
côté, et dans le lointain à gauche s'élève
une haute montagne. Le texte ne donne
point d'explication de cette planche.

47.

Le renard, en se disculpant par toutes
sortes de mensonges, raconte au lion qu'il
a confié au belier plusieurs nippes de grand

prix, pour les porter à sa majesté, entre autres un anneau, un peigne et un miroir qui ont les vertus magiques les plus précieuses. Le renard est représenté assis à la gauche de l'estampe, devant le lion qui se repose à droite, près de la lionne. On voit l'anneau, le peigne et le miroir sur une butte, dans le fond de ce même côté.

On a de ce morceau une première épreuve, où la branche d'arbre dont le rocher, au delà du dos de la lionne, est garni, ainsi que celle qui vient s'étendre au dessus de la tête du renard, ne se trouvent point.

48.

L'histoire du cheval qui, jaloux de la vitesse du cerf, prie un berger de le monter, en lui promettant un cerf pour recompense. Histoire qui, suivant le récit du renard, devoit être représentée en sculpture dans la bordure du miroir magique. Dans l'estampe, le berger est représenté au milieu, prêt à monter le cheval qui est à gauche. Le cerf se voit vers le fond à droite, à l'entrée d'un bois.

49.

Le berger monté sur le cheval, pour-

suivant le cerf au grand galop. On le voit
à la droite, et le cerf à la gauche de l'es-
sampe. Le troupeau de moutons occupe
le devant.

5o.

Autre histoire représentée en sculpture
dans la bordure du miroir. C'est l'âne qui,
jaloux des caresses prodiguées au chien par
son maître, imite les procédés de cet animal, dans l'espoir de se concilier la même
affection. On voit, au milieu de l'estampe,
l'âne sautant au cou de son maître. Le
chien court sur le devant à droite.

51.

Ce morceau représente la troisième histoire sculptée, suivant le faux rapport du
renard, sur la bordure du miroir. C'est
le père du renard qui, surpris par plusieurs chiens de chasse dans une prome-
nade qu'il faisoit avec le chat, s'en voit
abandonné, au mépris de la promesse qu'ils
s'étoient donnée, de se secourir mutuel-
lement en cas de péril. Le renard court
sur le devant à gauche, retournant sa tête
vers trois chiens qui le poursuivent. Le
chat est perché sur la branche d'un gros
arbre qui s'élève au delà du renard.

51. *a.*

Ce même sujet gravé une seconde fois. La disposition est à peu près la meme; mais au lieu de trois chiens qui poursuivent le renard, et qui ne sont vus qu'en partie, Everdingen n'en a fait dans cette planche que deux, mais vus en entier. Le renard et le chat sont généralement couverts de hachures, au lieu que ces deux animaux ont plusieurs parties en blanc dans la planche précédente. Cette seconde estampe est beaucoup plus rare.

52.

Représentation de la quatrième histoire sculptée sur la bordure du miroir. C'est celle du loup ingrat, à qui la grue retire un os du gosier. Ces deux animaux se voient sur le devant, le loup vers la gauche, la grue vers la droite de l'estampe.

53.

Le loup, faché que le lion ait fait grace au renard, produit une nouvelle accusation contre lui. Il depose que, sous prétexte d'enseigner la louve à attraper des poissons, il l'avoit engagée à laisser pendre sa queue dans l'eau d'un étang; qu'il l'avoit persuadée de l'y laisser jusqu'à ce qu'elle fut gelée, et que prise de cette manière, elle eut infailliblement péri, si lui, loup, arrivant par hazard, ne l'eut dégagée de la glace. On voit sur la droite le loup occupé à délivrer la louve retenue par sa queue. Le renard qui s'enfuit à droite, a l'air de se moquer d'eux.

54.

Autre tour que le renard joue à la louve. Descendu dans un puits par un des deux seaux, et ne pouvant plus sortir sans être aidé, il pria la louve qui entendoit ses plaintes, de le sauver, en se plaçant dans l'autre seau. Remonté de cette façon, il laissa la louve dans le fond du puits, se moqua d'elle, et s'enfuit. On voit sur le devant à droite la louve regardant dans le puits. Cette planche est couverte de manière noire.

55.

Le loup dans l'antre infect d'une guenon, où le renard l'a engagé d'entrer pour se moquer de lui. On voit le loup à la gauche, et la guenon accompagnée de deux de ses petits, à la droite de l'estampe.

56.

Le lion et le conseil des animaux ayant

permis un combat entre le loup et le renard, celui-ci aveugle son adversaire, en le frappant sur la tête, de sa queue trempée dans l'eau et le sable. Le loup est à la droite, se frottant les yeux avec une de ses pattes. On voit le renard devant lui, presqu'au milieu de l'estampe. Le lion entouré de plusieurs animaux, assiste au combat sur une élevation dans le fond à gauche.

57.

Le renard monté sur un âne orné d'un harnois et d'une housse, entouré de l'ours, du belier et du loup. L'âne est dirigé vers la droite où sont placés le loup et le belier. L'ours se voit à la gauche, sur le devant. Cette planche sert de vignette au vieux texte, ajouté à la fin de l'ouvrage de *Gottsched*. Elle est plus petite que les précédentes, car elle a 3 pouces, 5 lignes de haut, sur une même largeur.

On a de ce morceau une première épreuve, tirée de la planche avant la marge coupée. Cette marge porte 1 pouce, 10 lignes.

TABLE DES ESTAMPES
D'ALDERT VAN EVERDINGEN.

Nro. de
l'oeuvre.

Nro. de
l'oeuvre.

TABLE
DES DIMENSIONS DES ESTAMPES
D'ALDERT VAN EVERDINGEN.

Nro.

PIÈCES DE FORME RONDE.

Diamètre : 7 pouces . . . . 4.

PIÈCES DE FORME OVALE.

Diamètre de la $\left\{\begin{array}{l}\text{Hauteur : 2 pouces, 8 lignes.} \\ \text{Largeur : 2 pouces, 3 lignes.}\end{array}\right\}$ 1.

Diamètre de la $\left\{\begin{array}{l}\text{Largeur : 2 pouces, 9 lignes.} \\ \text{Hauteur : 2 pouces, 4 lignes.}\end{array}\right\}$ 2. 3.

PIÈCES EN HAUTEUR.

Hauteur : 2 pouces, 7 lignes.
Largeur : 2 pouces, 5 lignes.. 5

Hauteur : 3 pouces, 2 lignes.
Largeur : 2 pouces, 8 lignes. 6,

Hauteur : 4 pouces, 7—8 lignes.
Largeur : 3 pouces, 9—12 lignes. . . . . . 7—10,

Hauteur : 6 pouces.
Largeur : 4 pouces, 8 lignes. 104

PIÈCES EN LARGEUR.   Nro.

Largeur : { 3 pouces , 5 lignes. . . . .   57 des sujets
Hauteur : { 3 pouces , 4 lignes. . . . .   des fables du
                                                renard.

Largeur : 3 pouces, 8—10 lignes.
Hauteur : 2 pouces, 8 lignes . . . . . .   11—16.

Largeur : 3 pouces, 11 lignes.
Hauteur : 2 pouces, 7—9 lignes. . . .   17—20.

Largeur : 4 pouces.
Hauteur : 2 pouces, 3 lignes. . . . .   21—24.

Largeur : 4 pouces, 2—3 lignes.   Les sujets des
Hauteur : 3 pouces , 3—6 lignes. . . .   fables du re-
                                                nard.

Largeur : 4 pouces, 9 lignes.
Hauteur : 3 pouces , 1 ligne. . . . . .   25.

Largeur : 4 pouces, 9 lignes.
Hauteur : 3 pouces , 2—5 lignes. . . .   26—29.

Largeur : 4 pouces, 9 lignes.
Hauteur : 3 pouces, 8—9 lignes. . . .   30—33.

Largeur : 4 pouces, 4 lignes.   Voyez Nro.
Hauteur : 4 pouces, 3 lignes. . . . . .   101.

Largeur : 5 pouces.
Hauteur : 3 pouces, 2—3 lignes. . . .   34—39.

Largeur : 5 pouces, 1—3 lignes.
Hauteur : 3 pouces, 5—6 lignes. . .   40—51.

Largeur : 5 pouces.   Nro.
Hauteur : 3 pouces , 7—9 lignes. . . . 52—55.

Largeur : 5 pouces , 1 ligne.
Hauteur : 3 pouces , 4 lignes . . . . · 56.

Largeur : 5 pouces, 4 lignes.
Hauteur : 2 pouces, 11 lignes. . . . . 57—64.

Largeur : 5 pouces, 3—5 lignes.
Hauteur : 3 pouces, 6 lignes. . . . . 65—72. 105.

Largeur : 5 pouces, 4 lignes.
Hauteur : 3 pouces , 10 lignes. . . . . 73—74.

Largeur : 5 pouces, 6 lignes.
Hauteur : 3 pouces , 5 lignes. . . . . 75—76.

Largeur : 5 pouces, 6 lignes.
Hauteur : 3 pouces , 6 lignes. . . . . 77.

Largeur : 5 pouces, 8—9 lignes.
Hauteur : 3 pouces , 7 lignes. . . . . 78—79.

Largeur : 5 pouces, 11 lignes.
Hauteur : 3 pouces , 9 lignes. . . . . 80.

Largeur : 5 pouces, 6 lignes.
Hauteur : 4 pouces , 2 lignes. . . . . 81.

Largeur : 5 pouces, 9—10 lignes.
Hauteur : 4 pouces , 5—6 lignes. . . . 82—87.

Largeur : 6 pouces.
Hauteur : 3 pouces, 9 lignes. . . . . .   88—89.

Largeur : 6 pouces.
Hauteur : 4 pouces, 7—8 lignes. . . .   90—93.

Largeur : 6 pouces.
Hauteur : 4 pouces, 10 lignes. . . . .   94.

Largeur : 6 pouces, 2—4 lignes.
Hauteur : 4 pouces, 6—7 lignes. . . .   95—98.

Largeur : 7 pouces.
Hauteur : 4 pouces, 10 lignes. . . . .   99.

Largeur : 7 pouces.
Hauteur : 5 pouces. . . . .   100.

Largeur : 7 pouces.
Hauteur : 5 pouces, 2 lignes. . . . .   101.

Largeur : 7 pouces, 3 lignes.
Hauteur : 5 pouces, 1 ligne. . . . . .   102.

Largeur : 7 pouces, 3 lignes.
Hauteur : 5 pouces, 8 lignes. . . . .   103.

Nro.

HERMAN
SWANEVELT.

Les biographes des peintres Hollandois n'ont point parlé *de Herman Swanevelt*. On ignore et l'endroit où il prit naissance, et le nom de l'artiste qui l'enseigna ; on sait seulement qu'il naquit vers l'an 1620, et l'on croit qu'il eut *Gerard Dow* pour maître ; mais il est certain qu'il alla fort jeune à Rome, qu'il choisit *Claude le Lorrain* pour son modèle, et qu'il devint son élève. La vie retirée qu'il menoit, son assiduité au travail, et les études continuelles qu'il faisoit d'après nature, lui valurent le surnom d'ermite. Mais cette même application le mit bientôt en reputation : on rechercha ses ouvrages, et on les paya fort cher. *Swanevell* est mort à Rome vers 1690.

Les estampes de cet artiste forment un oeuvre de cent quatorze pièces. Elles représentent des paysages dont le choix des sites, la grandeur des formes, la distribution du clair-obscur et le feuillé des arbres sont également admirables. Elles sont d'un fini parfait et tel qu'on peut le remarquer dans les tableaux les plus précieusement terminés.

Swanevelt avoit une manière de graver qui lui étoit particulière, et qui fait aisément distinguer ses estampes de celles que *Goyrand* a publiées d'après ses dessins, quoique ce graveur n'ait pas mal reussi à imiter la pointe de son modèle. Notre artiste a exprimé les feuilles de ses arbres par un assemblage de petits traits horizontaux, un peu courbés, qui sont très propres à en représenter la situation naturelle sur les branches. Il n'a tracé des contours plus déterminés que quand il en a eu besoin pour dégager les parties. Il employa la pointe sèche et plus encore le burin pour étendre l'harmonie dans ses estampes ; mais il imprima plutôt des points qu'il ne grava des traits, sur tout dans le feuillé.

OEUVRE

DE HERMAN SWANEVELT.

1-24. VARIAE CAMPESTRUM FANTASIAE.

Suite de vingt quatre estampes dans des formes
ovales.

Largeur : 2 pouces, 8-9 lignes. Hauteur : 1 pouce, 9 lignes.

1.

1) Titre. Deux hommes vus par le dos, debout, à la gauche de l'estampe, devant une grande pierre carrée, sur laquelle est écrit : *Variae campestrum fantasiae a Hermano van Suanevelt inventae et in lucem editae. Cum privileg. Regis.*

2.

2) Sur le devant à droite est une colline ornée, au milieu, d'un gros arbre. Au bas est assis un homme parlant à un autre qui est debout, portant un bâton sur l'épaule. Dans le lointain à gauche est un groupe de quelques grands arbres.

3.

3) Une colline chauve, au haut de laquelle sont deux hommes dont l'un se tourne vers la gauche, l'autre vers la droite. Sur la gauche, au deuxième plan, sont des arbres et arbrisseaux, et dans le fond s'élève un autre colline, au sommet de laquelle on distingue une petite figure.

4.

4) Sur la droite, au haut d'une colline, est une tour ronde contigue, par une arcade de deux voûtes, à un ancien bâtiment. Au bas de la colline, vers le devant, marche un homme, et derrière lui, une femme qui mène un enfant. Leurs pas sont dirigés vers la gauche de l'estampe.

5.

5) A gauche est une colline escarpée, et surmontée d'un bois. Sur le milieu du devant, deux figures vues par le dos sont assises au bord d'un chemin. On apperçoit dans le fond à droite un homme avec un bâton sur l'épaule, et plus loin encore, quelques arbres et des montagnes.

6.

6) Un pont de pierre qui occupe presque

toute la largeur de la planche. Sur la gauche s'élève une colline, et à son sommet est une maison, au coin de laquelle sont deux figures. Deux autres semblables sont debout, vis-à-vis l'une de l'autre, sur le devant à droite, une cinquième se voit sur le pont.

7.

7) Sur la droite est une grotte, vis-à-vis de laquelle une femme vue par le dos est assise à terre, parlant avec un homme qui est debout devant elle.

8.

8) Sur la gauche est un rocher, et au deuxième plan, cinq arbres. D'autres rochers s'élèvent à droite, pareillement au deuxième plan. Dans le fond, presqu'au milieu de l'estampe, on apperçoit un homme qui paroît diriger ses pas vers la droite.

9.

9) Sur la gauche est un rocher percé, au travers duquel on voit deux petites figures au pied d'un autre rocher qui se voit dans le fond. Au milieu du devant, un homme portant un bâton sur son épaule dirige ses pas vers le rocher percé.

10.

10) Vers la droite de ce paysage s'élève un très gros arbre touffu, au pied duquel deux hommes sont assis l'un vis-à-vis de l'autre. A gauche est un groupe de trois autres arbres, pareillement très touffus.

11.

11) Au milieu du devant de cette planche deux hommes, dont l'un assis, l'autre debout, causent ensemble; à quelque distance d'eux, aussi au milieu, s'élève un grand arbre. Au deuxième plan, vers la droite, est une chaussée montant doucement vers la droite, et plus loin, vers le fond, s'élève une montagne escarpée, ornée à son sommet d'arbres et d'arbrisseaux.

12.

12) Sur la droite est une rivière qui coule du fond jusqu'au devant de l'estampe. A gauche, au haut d'une colline qui du côté de l'eau est ornée d'arbres, se voit un pâtre avec un troupeau de quatre vaches.

13.

13) Le devant de ce morceau est divisé au milieu en deux buttes. Il y a une souche

sur celle qui est vers la droite, et l'autre
est surmontée d'un grand arbre touffu,
sous lequel marche un homme portant
son bâton sur l'épaule. Le lointain à droite
offre la vue d'une montagne, ornée au bas
d'arbres qui s'étendent en largeur.

14.

Il y a dans ce paysage un devant de rochers communiquant à gauche avec une
colline par un petit pont de pierre d'une
seule arche. Cette colline est surmontée
de deux arbres l'un près de l'autre, sous
lesquels on apperçoit une figure. A droite,
sur le chemin qui conduit vers le pont,
marche un homme suivi d'une femme.

15.

15) Sur le devant à gauche s'élèvent
deux arbres près d'un chemin où l'on voit
deux hommes, dont l'un fait un signe dirigé vers un grand rocher escarpé, surmonté d'une maison, et situé au bord opposé d'une eau qui avance jusqu'au devant.

16.

16. Dans le milieu de ce morceau s'é-
lève un grand arbre à double tronc, et à
gauche, un rocher escarpé, orné d'arbrisseaux à sa cime. Entre ce rocher et l'arbre

paroît un homme. Dans le deuxième plan qui s'incline vers la droite, on voit deux petites figures marchant à côté l'une de l'autre. On apperçoit, dans le lointain, quelques arbres et un village au delà d'une rivière.

17.

17) Dans le milieu de cette estampe sont deux arbres dont les tiges se croisent. Ils sont plantés sur un terrain élevé, près d'un chemin qui serpente vers des montagnes dans le fond à droite, et sur lequel deux figures marchent l'une à côté de l'autre. Le lointain à gauche est orné d'arbres touffus, plantés en ligne depuis la gauche jusqu'au milieu de la planche.

18.

18) Le côté droit de ce morceau est occupé par un rocher, couronné d'arbres et d'arbrisseaux, près duquel on voit une figure au milieu de l'estampe. Sur la gauche sont des buissons dans un creux, et dans le lointain une chaîne de montagnes.

19.

19) Vers la droite est un rocher, du haut duquel un chemin descend vers le milieu du devant. On y voit un homme avec un

bâton à la main. Un autre homme, portant un bâton sur l'épaule, marche tout au
haut de ce même chemin; au bas du rocher, vers le milieu de la planche, sont
quelques grands arbres. Le lointain offre
la vue d'un village entouré de beaucoup
d'arbres, et situé au pied d'une montagne.

20.

20) Une rivière coulant en ligne courbe
depuis la gauche du fond jusqu'à la gauche
du devant. Sur son bord à droite marchent, à côté l'un de l'autre, deux hommes dont chacun tient un long bâton. Le
bord opposé est couvert d'un bois. Il
forme au deuxième plan une langue de
terre où l'on apperçoit une petite figure.
Le lointain offre à droite la vue de quelques parties d'arbres, et d'une montagne
qui est au milieu dans le plus grand éloignement.

21.

21) Sur le devant à droite s'élèvent
deux arbres, près desquels sont assis d'eux
hommes vus par le dos. L'un d'eux fait
signe de son bras gauche étendu vers
quelques maisons qui sont dans le fond,
au bas d'une montagne.

22.

22) Presqu'au milieu du devant marchent deux hommes dont chacun porte
un bâton. Ils sont sur un terrain qui forme
le bord d'une rivière, au delà de laquelle
s'élève à gauche une montagne surmontée
d'un petit château, et garnie au bas de
beaucoup d'arbres. D'autres montagnes
se voient dans le lointain à droite.

23.

23) Presqu'au milieu du devant marchent deux hommes vus par le dos. L'un
d'eux porte un bâton sur l'épaule. Ils dirigent leurs pas vers la droite, du côté d'un
grand rocher percé, au travers duquel
on apperçoit, dans le lointain, un autre
homme portant un bâton sur l'épaule. Au
second plan, à gauche, s'élève un groupe
d'arbres touffus, et le lointain est terminé
par des montagnes légères.

24.

24) Une rivière coulant depuis la droite
du fond jusqu'en avant, vers la gauche de
l'estampe. Sur le bord en deçà, au milieu
de la planche, est une souche, et à quelque distance, à la droite, s'élève un arbre. La partie de devant du bord opposé

est un petit rocher escarpé, orné d'arbres touffus, et sur le plateau duquel deux figures marchent à côté l'une de l'autre, dirigeant leurs pas vers le devant à gauche. La partie la plus éloignée du bord de ce côté forme une langue de terre, au delà de laquelle la rivière reparoît en largeur, au bas d'une montagne qui est dans le lointain à droite.

25. *Paysage sur une planche ovale.*

Sur le devant à gauche, un Satyre jouant du chalumeau est accroupi vis-à-vis de deux femmes, dont l'une vue par le dos tient un enfant devant elle. Un autre Satyre est couché à terre à quelque distance. Ces figures se trouvent sur le bord d'une rivière qui occupe tout le côté droit de la planche. Ce bord est orné de différens arbres. Sur l'autre s'élève, à droite, une colline garnie à son pied de beaucoup d'arbres, et ornée de quelques uns à son sommet. Ce morceau est très rare; il est gravé sur une planche de forme ovale.

Largeur : 3 pouces. 1 lign. Hauteur : 2 pouces, 5 lign.

26-32. DIFFÉRENS ANIMAUX.

Suite de sept planches.

Largeur : 4 pouces. Hauteur : 2 pouces, 10 lignes.

26. *Les chameaux.*

1) Un chameau vu de profil et dirigé vers la gauche. On voit derrière lui, à la droite de l'estampe, la tête d'un autre chameau. Dans le fond à gauche, sur le second plan, un Oriental vu par le dos, conduit un pareil animal, en suivant deux figures qui marchent sur le troisième plan, et dont une fait signe à droite vers le lointain, où l'on apperçoit deux pyramides et quelques fabriques au bas d'une chaîne de montagnes.

27. *Les boeufs.*

2) Sur le devant à droite un bouvier vu par le dos, est assis au pied d'un gros arbre; il tient une flûte, et retourne sa tête vers le spectateur. Vis-à-vis de lui, à la gauche de l'estampe, est couché un boeuf vu presque de face. Derrière lui on en voit un autre debout, de profil et dirigé vers la droite.

28. *Les ânes.*

3) Au milieu de ce sujet un âne est

couché, vu presque par le dos, et dirigé vers la gauche du fond. Un autre est debout vis-à-vis de lui, et derrière celui-ci, tout-à-fait à la gauche de l'estampe, on voit la tête d'un troisième qui brait. L'ânier vu presque par le dos, est assis à terre, à droite, au deuxième plan.

29. *Les beliers.*

4) Sur le devant à gauche sont quatre beliers debout, vus de profil, et dirigés vers la droite. De ce côté, un cinquième est vu par le dos et couché. Dans le fond, une bergère accroupie caresse son agneau. Devant elle, un berger debout tient une guirlande de fleurs.

30. *Les chèvres.*

5) Sur la droite est une chèvre couchée, vue de profil et dirigée vers la gauche ; derrière elle une autre est vue de face et debout. Deux autres encore, dont une broute le feuillage d'un buisson, en se tenant élevée sur ses jambes de derrière, sont à la gauche de l'estampe. Au milieu du fond un berger assis à terre, semble parler à un homme qui est debout derrière lui.

31. *Les chèvres d'Angora.*

6) Sur le devant sont debout deux chèvres d'Angora, vues de profil et dirigées vers la gauche: une troisième, plus en avant, est couchée vue presque par le dos, et la tete tournée vers la droite de l'estampe. Dans le fond à gauche une jeune femme marche à côté d'un berger qui tient son bâton sur l'épaule. Leurs pas sont dirigés vers la droite.

32. *Les cochons.*

7) Sur une butte, à la gauche de l'estampe, sont couchés deux cochons dont un est vu de face, l'autre de profil et dirigé vers la droite. Une truie, derrière eux, se lève; elle est pareillement vue de profil, et tournée vers la droite. Sur le deuxième plan, du côté opposé, une autre truie est debout, vue de profil et dirigée vers la gauche. Le fond offre la vue d'un bâtiment délabré, avec deux portes, par l'une desquelles un jeune garçon fait sortir un troupeau de cochons.

33. *Les Satyres.*

Sur le devant à droite un Satyre est à

genoux devant un vase rempli de raisin qu'il tient de ses deux mains. Un jeune Satyre qui est près de lui, se penche sur ce même vase. Sur la gauche une jeune femme à demi-nue est assise, tenant une coupe de sa main gauche élevée, et retournant sa tête vers une autre femme qui, debout derrière elle, tient un vase à la main. On voit dans le fond à droite le terme du dieu Pan, et un fort grand tonneau. Ce morceau qui est très légèrement gravé, est marqué au bas de ces mots, dans le milieu : *H. Sweneuelt fec.* et à droite : *Chez Audran.*

Largeur : 4 pouces. Hauteur : 3 pouces, 1 ligne.

34. *S. Jean Baptiste dans le désert.*

Ce Saint est assis à la gauche de l'estampe, sur une petite élevation de terre, ayant le corps dirigé vers la droite, et la tête retournée vers sa croix garnie d'une banderolle, qui est à terre à côté de lui, vers la gauche. Derrière lui est une partie de bois. Un arbre dont on ne voit que le tronc, s'élève sur le devant à gauche. Le fond à droite offre la vue d'un ruisseau qui serpente dans le lointain. Le nom de *Swancvelt*, désigné par les lettres HVS entrelacées, est marqué sur une pierre qui forme le devant de la droite. Dans la marge du bas, vers la gauche, est écrit : *Appresso Gio. Batta de Rossi in P. Nauona.*

Largeur : 4 pouces, 2 lignes. Hauteur : 3 pouces, 2 lignes, non compris la marge.

35. *Jésus Christ tenté par le démon.*

Sur le devant à droite le démon ayant une jambe de bois, est vu de profil, et dirigé à droite vers Jésus à qu'il montre des pierres. Celui-ci, élevant sa main gauche vers le ciel, semble dire : *il est écrit, l'homme ne vit pas de pain sculement etc.* Le fond est garni de différens arbres qui fuient dans le lointain à gauche, et au dessus desquels, vers le milieu de l'estampe, paroît un rocher escarpé. On voit quelques lapins au pied d'un tronc d'arbre qui s'élève sur le devant à gauche. Le monogramme de H. V. S. est marqué vers la gauche de la marge du bas, et à droite est écrite la même adresse qui est sur l'estampe précédente dont celle-ci fait le pendant, et dont elle a la même dimension.

36-48. DIVERSES VUES DE ROME, DE-DIÉES A GEDEON TALLEMANT.

Suite de treize pièces, y compris le titre.

Largeur: 5 pouces, 2 à 3 lignes. Hauteur: 3 pouces, 2 à 3 lignes.

36.

1) **Titre.** Une arcade dont on ne voit que les deux piliers, et au cintre de laquelle un drap qui descend jusqu'au bas, est suspendu. Près du pilier du côté droit est la peinture représentée debout, sous la figure d'une femme qui tient une palette et des pinceaux. Une autre femme tenant une tablette qu'elle regarde, est debout près du pilier à la gauche de l'estampe. Quelques livres, porte-feuilles et rouleaux de papier, un porte crayon, une équerre et d'autres instrumens semblables sont repandus au milieu du devant. Sur le drap est écrit: *Illustrissimo viro Gedeoni Tallemant Galliarum regis a secretis consiliis etc.* Les armes de Tallemant sont gravées au bas du drap. Dans la marge du bas de l'estampe est cette inscription: *Diverses veues desseignées en la ville de Rome par Herman van Swanevelt et gravées par iceluy avec privilège du Roy.*

37.

2) Sur la gauche est une auberge dans un ancien bâtiment délabré. Devant la porte, au milieu de l'estampe, est une espèce de treille sous laquelle on apperçoit quelques figures assises à table. Près de cette treille s'élève un peuplier isolé. Sur le devant, vers la droite, une femme ayant un panier au bras gauche, marche à côté d'un homme qui porte sur le dos un paquet suspendu à un bâton. Ces deux figures vues de face dirigent leurs pas vers la gauche.

38.

3) Sur la droite, une arcade ruinée et placée de biais aboutit, vers le fond de ce même côté, à un bâtiment tombé en ruines. Devant le premier pilier de cette arcade, au milieu de l'estampe, est une grosse masse de rocher, au bas de laquelle un homme debout, enveloppé d'un manteau, parle à une femme assise à terre devant lui. Deux autres hommes vus par le dos, dont un porte un parasol, marchent à côté l'un de l'autre, sur le second plan, à la gauche de l'estampe.

39.

4) Sur la droite est un bâtiment tombé
en ruines et entouré d'un petit mur délabré. Sur une butte qui fait le devant à
gauche, un homme et une femme vus par
le dos et assis à côté l'un de l'autre, causent ensemble. Le long de cette butte, sur
un chemin qui conduit de la gauche à la
droite, un paysan est monté sur un mulet,
ayant un grand sac devant lui, et tenant
un bâton. Il dirige ses pas vers la droite.

40.

5) Une maison située au bas d'une colline qui s'incline de la gauche vers la droite
de l'estampe. Depuis la porte de cette maison, un mur qui renferme un jardin, va
en descendant jusques vers le devant de
la droite, où il forme un angle, et se prolonge en largeur jusqu'au bord de l'estampe. Près de cet angle, deux écclésias-
tiques marchent à côté l'un de l'autre. Au
haut d'une colline, qui fait le devant à
gauche, un paysan est assis vis-à-vis d'un
autre homme, et d'une femme qui a un
enfant sur ses genoux.

41.

6) A la gauche de ce morceau, sur un

terrain élevé, est une maison, près de la
porte de laquelle on apperçoit, sous un
hangard, deux figures dont une est debout, l'autre assise à terre. Devant la maison, vers la gauche, se voient quelques
animaux, et, vers le milieu de la planche,
s'élève un grand arbre isolé. Une femme
et un homme vus presque par le dos, marchent à côté l'un de l'autre, sur le devant
à droite, dans un chemin qui prend son
tournant vers le fond. La femme porte un
paquet sur la tête, et l'homme en a un sur
le dos. Il y a sur le devant à gauche une
eau dans laquelle la maison se reproduit.

42.

7) Vers le côté gauche de cette estampe
est un bâtiment délabré avec une espèce
de tour. Il est renfermé en partie d'une
haie dont la porte est au milieu de l'estampe. Sous un avant-toit, près d'une
voûte ruinée, une femme debout en regarde une autre qui, assise sur une butte,
hors de la maison, semble peigner ses
cheveux. Sur le devant, vers la droite,
marche une dame de condition, portant
un éventail : elle est suivie d'une vieille
qui tient un chapelet. Leurs pas, ainsi

que ceux d'un petit chien qui court devant elles , sont dirigés vers la gauche , où
l'on remarque , sur le devant , une partie
d'édifice surmonté d'un vase d'où sort
un Aloés.

43.

8) Ce morceau représente une rivière
qui coule depuis le fond à droite jusqu'au
devant de la gauche de l'estampe. Sur un
bord miné en plusieurs endroits , est , vers
la gauche , une maison surmontée d'une
tour ronde , et entourée d'un mur continué par une haie qui fuit vers la droite
dans le fond. Cette maison est au pied
d'une montagne à pente douce , ornée de
quelques arbres séparés. Le bord de la
rivière en deçà est formé par la terrasse
du devant à droite , où deux hommes vus
par le dos et enveloppés de leurs manteaux , marchent l'un à côté de l'autre.

44.

9) On voit à la droite de cette estampe ,
au haut d'une colline , une maison contigue à une tour carrée , surmontée de quatre fleches , et entourée de plusieurs arbres. Sur le devant, au milieu de l'estampe,
un homme debout , faisant un geste de son

bras droit élevé, parle à un autre homme
et à une femme assis à terre, contre le
bord élevé d'un chemin qui conduit dans
le fond à gauche, où l'on apperçoit un
homme à cheval.

45.

10) Sur une colline qui forme le devant
à la gauche de l'estampe, on voit deux
gueux dont l'un est assis à terre, l'autre
debout, demandant l'aumône à deux hommes de condition vus par le dos et couverts de manteaux courts. L'un de ces
derniers fait signe de sa main droite étendue vers un vieux château ruiné qui est à
la droite de l'estampe, et dont une partie
du mur qui l'entoure se fait voir de ce côté.

46.

11) Vers le milieu du premier plan, sur
une petite place devant un convent, un
homme couvert d'un manteau, vu par le
dos, semble causer avec une vieille, vêtue
d'une robe large et longue. Près d'elle,
une autre femme est assise à terre. Le
convent, qui est au deuxième plan, occupe le milieu de l'estampe. On distingue
un moine sous une porte pratiquée dans
un mur qui est à la gauche. Un autre mur

soutenu de deux piliers avance de biais jusques sur le devant, à la droite de l'estampe.

47.

12) On voit sur le devant de cette estampe, vers la gauche, deux moines à
genoux devant une image de la Vierge,
placée dans la niche d'un vieux mur délabré qui s'élève au dessus d'une butte.
Au deuxième plan, du même côté, sont
trois arbres à très longues tiges. Vers la
droite, deux capucins vus par le dos suivent un chemin qui conduit dans le fond,
où l'on apperçoit deux autres petites figures près d'un grand château à plusieurs
corps de logis, qui occupe le troisième
plan, et qui est entouré d'arbres touffus,
renfermés d'une haie.

48.

13) Sur le devant à droite un homme
faisant signe vers la gauche, marche à
côté d'une femme qui porte un panier au
bras. Ils sont vus par le dos, et suivent
un chemin qui conduit vers le milieu du
fond. Ce chemin est bordé à droite d'un
monticule, au haut duquel s'élève un arbre, en dedans d'une haie qui aboutit à
une grande maison à plusieurs corps de

logis. Vis-à-vis de la porte, sur le chemin, marchent deux hommes couverts de manteaux courts. A gauche est un arbre isolé. Le lointain de ce côté offre la vue d'une maison et d'une montagne.

49-52. PAYSAGES ORNÉS DE SATYRES.

Suite de quatre estampes.

Largeur: 6 pouces. Hauteur: 4 pouces, 1 ligne.

49.

1) Sur le devant à droite, deux Satyres font marcher un troupeau de chèvres vers la gauche, où, sur le deuxième plan, un grand rocher surmonté de beaucoup d'arbres et d'arbrisseaux, s'étend jusqu'au milieu de la planche, en fuyant vers le fond. On apperçoit sur le devant de ce rocher un autre, près duquel trois figures sont assises à terre. Le lointain à droite est un pays montagneux, entrecoupé de parties de bois. Dans une petite marge du bas, d'environ 3 lignes, est écrit à gauche: *Herman van Swanevelt Inventor et fecit*, et à droite: *cum privilegio Regis*. Cette même inscription se trouve aussi sur les trois estampes suivantes.

5o.

2) Sur le devant à gauche une Dryade à genoux lève sa main droite, pour frapper sur le derrière un Satyre qui joue de la flute, couché sur le ventre devant elle. Une autre Nymphe vue par le dos et assise, regarde un Satyre qui danse au milieu de l'estampe. Sur la droite est un étang garni de roseaux, et dans le fond de ce même côté, s'élève un rocher escarpé très haut et entouré au bas de plusieurs arbres touffus, près desquels on apperçoit un autre Satyre qui marche sur le bord de l'étang. On remarque quelques chèvres au sommet du rocher. Le lointain à gauche est un pays montueux entrecoupé de bois.

5i.

3) Le côté droit de cette estampe est occupé par un bois qui s'étend jusqu'au milieu. Sur le devant de ce même côté un Satyre s'accrochant au tronc d'un arbre élevé, présente les fruits qu'il semble venir d'en cueillir, à une Dryade qui les reçoit dans sa draperie relevée par devant. Une autre Dryade, ayant un petit Satyre sur ses bras, est debout près de la première. Vers le milieu un vieux Satyre por-

tant sur le dos un sac suspendu à un bâton qu'il tient sur l'épaule, marche vers la
droite dans un creux caché par la terrasse
de la gauche. Le fond de ce côté offre la vue
d'un rocher escarpé, dans un pays montueux et entrecoupé de parties d'arbres.

52.

4) A la gauche de cette estampe est un
grand rocher surmonté d'arbres et d'arbrisseaux. On voit dans un antre, qui est
sur le devant, une femme assise près d'un
feu attisé par un Satyre. Presqu'au milieu du devant une femme assise à terre
semble faire avancer son enfant vers un
Satyre qui est vis-à-vis d'elle, et derrière
lequel un autre debout parle à une Nymphe. Le fond à droite offre la vue d'une
rivière dont le bord opposé est orné d'arbres touffus, par dessus lesquels paroissent des montagnes.

53 - 65. DIVERSES VUES DE ROME.

Suite de treize estampes.

Largeur: 6 pouces, 8 lignes. Hauteur: 4 pouces.

53. *Titre.*

1) *Diuerses veuës dedans et dehors de*

*Rome, desinée par Herman van Swaneuelt.
Dediée aux Vertueux. Auec Priuil. du Roy*
1653. Telle est l'inscription qu'on lit sur
un grand piedestal qui est au milieu de
l'estampe, et au bas duquel Minerve est
assise. Vers le devant sont deux hommes
debout, vus par le dos et enveloppés de
manteaux. L'un d'eux fait signe de sa main
élevée vers le fond à gauche, où l'on apperçoit deux figures sur une colline près
d'un grand arbre. Le lointain à droite présente la vue de Rome. Sur le devant à
gauche sont quelques ruines de colonnes
et d'un bas relief avec deux bustes entourés d'un feston.

54. *Vigne Mamsrone.*

2) Un grand bâtiment à plusieurs corps
de logis, entouré d'arbres. Sur le devant à
gauche marche un homme vu par le dos,
tenant un bâton de la main gauche, et portant un panier au bras droit. Vers le milieu, pareillement sur le devant, est un
arbre sec, et au deuxième plan marchent
deux figures près d'un mur qui s'étend en
largeur depuis la gauche jusqu'au delà du
milieu de l'estampe. Dans la marge du bas,

à droite, est écrit: *Vinia Mamsrona for della porta pinciana.* HS. *fe. et ex. Cum pr. Re.*

55. *Les bains Antonins.*

3) Les ruines des bains Antonins s'étendent sur toute la largeur de la planche.
Elles sont couvertes de buissons, et par-
semées d'arbres et d'arbrisseaux, principalement sur la gauche de l'estampe. On
distingue parmi ces ruines un corps dé-
taché, avec une voûte qui est sur le deuxième plan, presqu'au milieu de l'estampe.
Sur le devant à droite marchent deux
hommes vus par le dos et couverts de
manteaux courts. Dans la marge du bas
est écrit: *Parte delle terme Antoniano.
Herman Van Swaneuelt fecit et Excudit
Cum preuilegio Regis.* 1652.

56. *Vue d'une eau acéteuse hors de Rome.*

4) Le côté droit de cette estampe est
occupé par une rivière sur laquelle on
voit un bâteau vers le devant. Son bord.
très haut à la gauche, s'étend vers la droite
dans le fond, en s'abbaissant. Il est raboteux, et garni au haut d'une haie, au delà
de laquelle s'élèvent quelques arbres. Vers

la droite du fond est la vue d'un château entouré d'arbres touffus, au bas d'une montagne qui va en montant vers la droite.
Dans la marge du bas est écrit: *Veduto
daqua assutosa* (acetosa) *for di Roma. H S.
fe. et ex. cum pr. Re.*

57. *Tombeau sur la voïe Appienne.*

5) Ce tombeau se voit presqu'au milieu de l'estampe, au bas d'un ancien bà-
timent, couvert de verdure et surmonté
d'une tour ronde. Il est renfermé d'une
haie qui s'étend vers le fond à gauche, où
il aboutit à une auberge, à la porte de laquelle on apperçoit trois figures debout
autour d'une table placée sous une treille.
Au milieu du devant, une femme et un
homme, portant chacun un paquet sur le
dos, dirigent leurs pas vers la droite, et
à quelque distance, un autre homme, chargé de même d'un paquet, marche vers la
gauche. On lit dans la marge du bas : *Sepul-
tura in Vieia apia. H S. fe et ex. Cum pr. Re.*

58. *Auberge à Prima Porta.*

6) Cette auberge qui occupe le milieu
de l'estampe, est contigue à une tour car-

rée, à laquelle conduit un escalier ouvert, pratiqué le long d'un mur élevé qui est à la droite de l'estampe. On voit un homme vers le haut de cet escalier, et au bas, tout-à-fait sur le devant, s'élève un arbre. Près de la porte de l'auberge est un puits, d'où une femme tire de l'eau, et plus en avant, l'aubergiste est debout près de deux cavaliers qui se rafraichissent. Dans la marge du bas est écrit: *Hosteria a priema porta. HS. fe. et ex. Cum pr. Re.*

59. *St. Adrien sur la voie Flaminienne.*

7) La voie Flaminienne est sur la gauche de l'estampe, et fuit vers la droite dans le lointain, en cotoyant le Tybre, sur le bord droit duquel, apperçu seulement en partie, sont assis à terre deux hommes dont l'un, vu par le dos, semble dessiner St. Adrien, situé sur la voie Flaminienne, au pied d'une montagne, et entouré de plusieurs groupes d'arbres. Dans la marge du bas est écrit: *S. Adriano in Via flaminia. H. S. fe. et ex. cum pr. Re.*

60. *Ferme hors la porte, dite del popolo.*

8) Cette ferme qui consiste en plusieurs

corps de logis , entourée de différens groupes d'arbres , est au milieu de l'estampe , sur le troisième plan , au bas d'une montagne qui s'élève dans le fond à droite. Un troupeau de moutons est au pâturage sur une colline qui fait le deuxième plan. A la gauche , deux hommes descendent d'une petite hauteur, dans un chemin qui conduit sur le devant. Dans la marge du bas est écrit: *Casa Rustico for della porta del populo. HS fe. et ex. Cum pr. Re.*

61. *Vigne du pape Jules, sur la voie Flaminienne.*

9) La voie Flaminienne qui occupe sur le devant toute la largeur de l'estampe , se tire vers la droite du fond , où, en se repliant, elle continue son cours à gauche dans le lointain. Le côté droit de cette voie est bordé de buttes , collines , rochers et groupes d'arbres très variés dans leurs formes. La vigne du pape Jules paroît dans le lointain , au bas d'une montagne qui termine l'horizon. La voie cottoye le Tybre qu'on voit en partie sur la gauche , animé par un petit bâteau avec deux bateliers. Au milieu du devant, deux

hommes debout vis-à-vis l'un de l'autre, et tenant chacun un bâton, causent ensemble. On lit dans la marge du bas : *Vinnia Papa Julio in Via flaminia. H. S. fe. et ex. Cum pr. Re.*

62. *Première vue de Zugro.*

10) Au milieu du chemin qui est à la droite de l'estampe, un homme et une femme, vus de face, marchent de compagnie, en causant ensemble. Le terrain où ces figures se trouvent, est séparé d'une colline qui est à gauche, par un creux d'où sortent différens arbres, parmi lesquels il y en a un qui se fait remarquer par la hauteur de sa tige d'ailleurs assez mince. On apperçoit trois vaches au haut de la colline, et une quatrième, ainsi qu'un pâtre, paroît au haut d'une autre colline qui s'élève au delà de la première, et qui est escarpée et couverte en partie de verdure et de quelques arbres. Le fond à droite offre la vue d'une large rivière qui coule au bas de quelques montagnes. En deçà de cette rivière, à la droite de l'estampe, marche un homme portant un bâton sur l'épaule. Dans la marge du bas

est écrit : *Veduta dal Zugro HS. fe. et ex. cum pr. Re.*

63. *Seconde vue de Zugro.*

11) A la droite du deuxième plan s'élève un rocher plat à son sommet, et surmonté d'un grand arbre. Il y a au bas de ce rocher un antre, près duquel marchent de compagnie deux hommes, dans un chemin qui conduit au milieu du fond, et au bout duquel on apperçoit deux autres petites figures. Sur le devant à gauche, un muletier fait marcher son mulet, en se dirigeant vers le devant à gauche, d'où un paysan vient au devant de lui. Le lointain offre la vue d'un château entouré d'arbres et situé au bas d'une montagne qui s'étend en largeur. On lit dans la marge du bas : *Altro Veduto dal Zugro. HS. fe. et ex. Cum pr. Re.*

64. *Troisième vue de Zugro.*

12) On voit à la gauche de cette estampe deux hommes qui arrivent du fond d'un chemin creux, sur un des côtés duquel s'élève un petit peuplier près d'un grand arbre dont la tige dépasse le bord supérieur de la planche. L'un et l'autre est

entouré d'une haie pareille à celle qui est de l'autre côté du chemin. On apperçoit deux figures vers la droite près d'une colline escarpée. Elles sont sur un chemin qui conduit au milieu du fond, où l'on en remarque encore deux autres. Ce paysage est fermé dans le fond par quelques montagnes qui s'étendent sur toute la largeur de la planche. Dans la marge du bas est écrit : *Altro Vedutin dal Zugro. HS. fe. et ex. Cum pr. Re.*

65. *Vue hors la Porte, dite* Pia.

13) Sur la gauche du deuxième plan est une maison, du coin de laquelle un mur s'avance jusques sur le devant du même côté. Deux hommes vus de face, qui causent ensemble, marchent entre ce mur et le coin d'une haie qui s'étend jusqu'au bas de la droite de l'estampe, et au dessus de laquelle se présente, dans le lointain, la vue d'un pays montagneux, orné de fabriques. Dans la marge du bas est écrit : *For dalla porta piea. H. S. fe. et ex. Cum pr. Re.*

66-69. SUITE DE QUATRE PAYSAGES, OR-
NÉS DE SUJETS DE L'ANCIEN TE-
STAMENT.

Largeur : 7 pouces , 4 à 5 lignes. Hauteur : 4 pouces ,
6 à 7 lignes.

66. *Abraham et les trois anges.*

1) Ce paysage représente Abraham in-
vitant les trois anges à venir chez lui. Ce
patriarche est sur le devant à la droite de
l'estampe , à quelque distance de sa maison d'où il est allé au devant des anges
qu'il aborde. Deux de ces anges sont vus
par le dos , le troisième , vers le milieu
de l'estampe , l'est de face. Chacun d'eux
porte un bâton. On voit un homme faisant marcher un âne chargé au milieu du
deuxième plan , et à gauche sont les ruines d'un ancien bâtiment. Au bas de la
gauche est écrit: *H. Swancvelt Fe. Rom.*

67. *L'ange consolant Agar.*

2) Presqu'au milieu de l'estampe, Agar
vue de profil et portant un vase , s'avance
à droite vers une pièce d'eau que l'ange
qui la conduit, lui montre de sa main
gauche étendue. Différens arbres et ar-

bustes très touffus, dont une partie du bord de l'eau est garnie, bornent le paysage qui n'est ouvert qu'à gauche, et s'y perd dans un vaste lointain. Sur le devant de ce même côté s'élève un grand arbre, au bas duquel est écrit : *H. Swanevelt Fe. Rom.*

68. *Le jeune Tobie.*

3) La disposition de ce paysage est presque la même que celle du morceau précédent. Le côté droit est occupé par une pièce d'eau dont le bord est richement garni d'arbres et d'arbrisseaux. Le sujet dont il est animé, représente le jeune Tobie dans le moment où il échappe au poisson qui menace de le dévorer. Il fuit en retournant la tête vers le poisson qui le poursuit, et en étendant ses deux bras élevés vers l'ange qui est debout sur le bord de l'eau, au milieu du devant de l'estampe, et qui par un geste de sa main droite semble lui dire : *prenez le par les ouïes, et entraînez le à vous.* Le chien, entre l'ange et le jeune Tobie, abboie contre le poisson. Le côté gauche offre un lointain où l'on apperçoit la ville de Ragès au pied de la montagne d'Ecbatanes. Au

haut de ce même côté est écrit : *H. Swaneuelt Fe. Rom. K. Audran ex.*

69. *Elie dans le désert.*

4) Sur le devant à gauche on voit ce prophète assis au bas d'un rocher ; il retourne sa tête vers l'ange qui est debout à sa gauche, et qui, lui montrant un pain et un vase placés sur une butte, semble lui dire : *Levez vous et mangez.* Une rivière, coulant du milieu jusqu'au devant de la droite de l'estampe, forme, au deuxième plan, une petite cascade près de laquelle, à gauche, s'élèvent plusieurs arbres très hauts. Sur le rivage opposé se voit un cerf et une biche. Le lointain de ce côté offre la vue d'un côteau terminé par un petit bois. Au haut de la droite est écrit : *H. Swaneuelt Fecit Rom. K. Audran excudit.*

70. *Pan et Syrinx.*

Ce morceau représente le *Ladon* qui coule du milieu du fond jusqu'au devant de la planche dont il occupe presque toute la largeur. Son bord à gauche est couvert de bois, et garni de roseaux, à travers lesquels Syrinx se sauve. Sa fuite

se dirige vers la droite. Elle a les bras
élevés, comme pour implorer le secours
des autres Nymphes, et retourne sa tête
vers Pan qui la poursuit, en saisissant
une touffe de roseaux. Le bord opposé,
à la droite de l'estampe, est également
garni de roseaux et de quelques arbres,
au delà desquels s'élève une montagne qui
s'abbaisse vers le milieu du fond de l'estampe où le paysage est ouvert. A la
gauche de la marge du bas est écrit : *Appresso Gio. Batta de Rossi in P. Nauona.*
Le monogramme H. S. est marqué sur une
pierre qui fait partie du devant à la droite.

Largeur : 7 pouces, 9 lignes. Hauteur : 5 pouces, 9 lignes,
la marge de 4 lignes y comprise.

71. *Salmacis et Hermaphrodite.*

Ce morceau qui fait le pendant du précédent, représente un ruisseau coulant
du milieu du fond vers le devant de la
droite, où il s'étend sur toute la moitié
de l'estampe. Son bord à gauche est orné
de plusieurs grands arbres. Au pied de
celui qui est sur le devant, la Nymphe
Salmacis, un genou en terre, tourne ses
regards vers Hermaphrodite qui se baigne

vers la droite. Il est vu par le dos et pen-
ché. Le bord opposé de la rivière est couvert d'arbres et d'arbrisseaux touffus. On
remarque le monogramme HS. dans l'eau,
au bas de la droite, et à la gauche de la
marge est écrite la même adresse que celle
du morceau précédent.

On a des épreuves de ces deux estampes, où l'adresse de *Rossi* a été effacée,
mais elles sont très mauvaises.

72. *Vue de l'isle Louvier.*

La Seine s'étend sur toute la largeur
de la planche. On voit le pont St. Michel
dans le lointain à droite. Sur le devant de
ce même côté, une femme à genoux et
penchée vers l'eau, semble laver du linge.
Derrière elle est un homme qui porte un
gros paquet sur son dos. Dans la marge du
bas est écrit : *Veuë de l'Isle Louuier, et d'vne
partie de l'Isle nostre Dame. Israel Siluestre
delin. et fe. Israel exc. cum priuil. Regis.* Il
n'y a cependant que les bâtimens dans le
fond qui soient gravés par *Israel Silvestre,*
tout le reste est de la main de *Swanevelt.*

Largeur : 9 pouces , 1 ligne. Hauteur : 5 pouces , 2 lignes,
la marge y comprise.

73. *Vue du palais d'Orleans.*

Ce palais occupe toute la largeur de la planche. Le devant à gauche est formé par deux petites collines. Sur l'une s'élève un arbre isolé, sur l'autre, vers le milieu de la planche, un cavalier et une dame vus par le dos, se promenent. Dans la marge du bas est écrit: *Veue du Palais d'Orleans du costé des Chartreux etc. Israel Siluestre delin. et fe. Israel exc. cum priuil. Regis.* Israel Silvestre n'a gravé que le palais.

Largeur : 9 pouces, 1 ligne. Hauteur : 5 pouces, la marge y comprise.

74. *Vue de Gondy.*

Il y a sur la gauche de cette estampe une terrasse, faisant le bord d'un canal qui s'étend depuis le milieu jusques vers le devant de la droite de l'estampe. Le bord opposé est un terrain raboteux. Sur le devant, vers la gauche, un homme tenant un long bâton, parle à un autre qui est assis à terre vis-à-vis de lui. Trois autres figures se voient près de l'eau, au milieu de l'estampe, et deux se promenent dans le fond à gauche, sur le palier d'un escalier qui conduit à une grande allée. Le château de Gondy s'élève dans le fond à droite, au delà d'un long mur qui s'étend en largeur depuis le milieu jusqu'à la droite de l'estampe. Dans la marge du bas est écrit : *Veue de Gondy maison de plaisance de Messire Jean François de Gondy Premier Archeuesque de Paris. Israel ex. cum priuil. Regis.*

Largeur : 9 pouces, 1 ligne. Hauteur : 5 pouces, y compris la marge.

75. *La nymphe de la Seine.*

Au milieu d'un rocher qui occupe presque tout le devant de ce morceau, la nymphe de la Seine est assise, appuyée du bras gauche sur son urne, et de la droite montrant les armes de France. Trois autres Naïades sont distribuées en d'autres endroits du rocher qui est surmonté de plusieurs arbres. Le fond offre la vue de la rivière de Seine et du château du Louvre. Ce fond a été dessiné et gravé par Israel Sylvestre. Il y a dans la marge du bas une inscription qui commence ainsi : *Les rivières d'Oyse et de Marne etc.*

Largeur : 9 pouces, 2 lignes. Hauteur : 5 pouces, y compris la marge qui a 7 lignes.

76. *La vue de Rome.*

Sur le devant à gauche le Tibre est assis au pied d'un rocher. Un autre fleuve est à la droite de l'estampe. Le milieu est occupé par le Tibre qui tournoye vers la droite dans le fond, où se présente la vue de la ville de Rome. Cette partie de l'estampe a été dessinée et gravée par Israel Silvestre, mais les deux figures de fleuve et tout ce qui est paysage, vient de la pointe de *Swanevelt.* Au bas de l'estampe, à droite, est l'année 1654, et dans la marge est une inscription qui commence : *Voicy un petit racourcy de cette grande ville etc.*

Largeur : 9 pouces. Hauteur : 5 pouces, 8 lignes, y compris la marge.

77-80. SUITE DE QUATRE PAYSAGES.

Largeur : 10 pouces. Hauteur : 6 pouces, 4 lignes, y compris la marge d'environ 4 lignes.

77. *Les pêcheurs.*

1) Ce morceau représente un ruisseau qui coule de la gauche du fond vers la droite du devant, et là se replie vers le milieu, où il tombe en petite cascade dans un bassin qui s'étend presque sur toute

la largeur du bas de l'estampe. Au haut d'un rocher, qui fait le devant à gauche, un homme vu par le dos, parle à un autre qui a un porte-feuille sous le bras. Il élève son bras vers un autre rocher, au pied duquel ils se trouvent, et qui est surmonté de deux arbres; le long du bord opposé du ruisseau, s'élève une chaîne d'autres rochers plus élevés, escarpés et couverts à leur cime de grandes parties de bois. On apperçoit à droite, à mi-hauteur d'une de ces élévations, trois figures sur un chemin qui, en s'abaissant vers l'eau, conduit dans le lointain à la gauche de l'estampe. Sur le devant à droite, un pêcheur portant un seau est debout à côté d'un autre qui vide une nasse dont les poissons tombent à ses pieds. Dans la marge du bas, à droite, est écrit : *Herman Van Swaneuelt in. fc. et ex. Cum pr. Re.*

78. *La fileuse et les quatre boeufs.*

2) Dans le milieu de l'estampe, au haut d'une colline, est une petite maison entourée d'arbres, à l'ombre desquels deux figures sont assises à une table placée près de la porte. En avant de cette maison.

l'escarpe de la colline est revêtue d'un mur élevé qui s'étend jusqu'à la droite, où un torrent se jette dans un bassin qui est au bas de l'estampe. Sur une élevation, à la gauche de la planche, une femme assise à terre file au fuseau ; sur une autre élevation, qui forme le devant, trois boeufs se reposent, un quatrième descend dans le bassin pour s'abreuver. Au haut des rochers, tout au bord de la droite, un homme debout, tenant un bâton, regarde une femme assise avec son enfant au pied des arbres qui environnent la maison. L'inscription de la marge est la même que celle du morceau précédent.

79. *Les deux cavaliers.*

3) Sur un chemin, le long des rochers escarpés et couverts de bois, qui occupent le côté droit de l'estampe, deux hommes à cheval dirigent leurs pas vers la droite, deux autres à pied les suivent de près. Au bas du chemin, sur la gauche, un ruisseau coule du milieu du fond jusqu'à celui du devant ; son bord opposé est garni d'arbrisseaux mouillés par l'eau. On voit au dessus d'eux, dans le lointain, quelques

fabriques au pied d'une grande montagne. Sur le devant à gauche deux hommes vus par le dos sont assis à terre. La marge porte la même inscription que les deux morceaux précédens.

80. *La petite cascade.*

4) Ce morceau représente une rivière prenant son cours du milieu du fond, et se jettant dans un bassin, à travers des rochers qui occupent tout le devant de la planche en largeur. D'autres rochers dont la masse principale remplit toute la moitié droite de l'estampe, et qui sont couverts d'arbres et d'arbrisseaux, forment le bord droit de cette rivière. Sur son bord opposé, vers le fond, est une colline surmontée de plusieurs arbres et d'une maison. Sur le devant de ce côté s'élèvent deux arbres placés à côté l'un de l'autre. A droite un homme qui dessine est assis à terre au bas des rochers ; il est vu presque par le dos, et dirigé vers la gauche. Dans la marge du bas, à droite, est écrit : *Herman Van Swaueuelt In. fe. et ex. Cum pr. Re.*

Largeur : 10 pouces. Hauteur : 6 pouces, 5 lignes, la marge de 5 lignes non comprise.

81. *Le Soir.*

Ce paysage est éclairé par le soleil couchant. On voit sur le devant à droite deux hommes marchant de compagnie. L'un d'eux a sa main posée sur l'épaule de l'autre qui est enveloppé d'un manteau. Leurs pas sont dirigés vers la droite. Le long du chemin sur lequel ils se trouvent, s'élève une petite colline ornée au haut d'un bouquet de cinq arbres. A l'extrèmité du chemin, vers le fond, on apperçoit un homme vu par le dos, descendant vers une partie d'arbres plantés le long du ruisseau qui occupe la gauche de l'estampe, et dont le bord opposé est également garni d'arbres touffus, au delà desquels s'élève une montagne surmontée d'une maison, et animée par un troupeau de moutons au pâturage. On apperçoit quatre figures qui marchent deux à deux sur un chemin serpentant vers la maison. Le lointain présente une chaîne de montagnes qui s'étendent sur toute la largeur de la planche. Dans la marge du bas, à gauche, est écrit : *HS. fe. et ex. Cum pr. Re.*

Largeur : 10 pouces, 2 lignes. Hauteur : 6 pouces, 4 lignes, non compris la marge.

82. *Le petit pont de bois.*

Il y a sur la gauche de ce paysage un rocher couvert en avant d'arbres et d'arbrisseaux très touffus. On voit, au milieu de l'estampe, deux hommes qui, en passant près d'un bouquet d'arbres placé au bout du rocher, semblent diriger leurs pas à droite vers un petit pont de bois. Celui-ci traverse une rivière qui baigne le rocher, et qui s'étend sur le devant de la gauche, où elle occupe la grande moitié du bas de la planche. Au delà du pont s'élève une haute montagne, interrompue par une ligne de bois qui se tire en largeur. Sur le devant à droite, un homme est assis à terre vis-à-vis d'une femme vue par le dos. Dans la marge du bas, à gauche, est écrit : HS. *fe. et ex. Cum pr. Re.*

Largeur : 10 pouces, 2 lignes. Hauteur : 6 pouces, 5 lignes. La marge du bas : 3 lignes.

83-94. DIFFÉRENS PAYSAGES ORNÉS DE FABRIQUES.

Suite de douze estampes.

Largeur : 10 pouces, 1 à 3 lignes. Hauteur : 6 pouces, 7 à 11 lignes, la marge de quatre lignes y comprise.

83. *Le cardinal.*

1) Au milieu de l'estampe un cardinal

se promene , en tenant un livre ouvert dans lequel il lit. Il est suivi de deux domestiques enveloppés de leur manteaux ; deux autres se voient à mi-corps dans un creux, à quelque distance. Ces figures qui dirigent leurs pas vers le devant à droite, où un mendiant presque nu est assis à terre , marchent le long d'un vaste bâtiment dont les murs tombés en ruines sont couverts de verdure. Sur le devant à gauche est une terrasse escarpée , sur laquelle s'élèvent deux arbres dont celui près du bord de la planche est très haut et peu feuillu , l'autre au bout de la terrasse est petit et très touffu. Dans la marge du bas, à gauche, est écrit : *Herman van Swancvelt Inventor fecit et excudit*. Et à droite : *cum privilegio Regis*. Cette même inscription se trouve aussi sur les onze pièces suivantes.

84. Les ruines en amphithéâtre.

2) Ce morceau représente les ruines de plusieurs anciens édifices de vaste construction. Ils sont situés par étages sur une montagne en forme d'amphithéâtre. Sur le devant à gauche deux hommes sont

assis à l'ombre d'un arbre. L'un d'eux fait signe de sa main étendue vers deux autres hommes qui marchent de compagnie au milieu, et dont l'un montre à l'autre une femme qui, portant un paquet sur la tête, s'avance vers la porte d'un mur pratiqué au bas de la montagne, à la droite de l'estampe.

85. *La dame au parasol.*

3) Sur le deuxième plan, au milieu de l'estampe, une dame de condition se promene, accompagnée d'un domestique qui la couvre d'un parasol, et suivie d'une servante, ainsi que d'une pauvre vieille qui demande l'aumône. Ces figures dirigent leurs pas vers la gauche du fond, le long d'un mur entourant un ancien bâtiment ruiné, dont les différens corps s'étendent sur toute la largeur de la planche. Un terrain entrecoupé par un ruisseau qui vient de la gauche, au pied d'une muraille d'où s'élèvent des arbres, forme le devant; on y voit paître un troupeau de chèvres. Le chevrier est debout un peu vers la droite, vu par le dos, et tenant un long bâton.

86. *Le salut.*

4) Sur la gauche de ce morceau deux dames suivies d'une servante, se promenent vers la droite. Un homme de condition, allant au devant d'elles, leur fait la révérence. Il est suivi d'un jeune valet. Ces figures sont près d'un ancien édifice à plusieurs étages, ruiné et contigu à différens bâtimens qui fuient vers le fond de la droite. Sur le devant de ce côté un homme assis sur une butte, au bas d'un bouquet d'arbres, dessine d'après nature. Un autre homme, couvert d'un manteau et vu par le dos, est debout à sa gauche.

87. *L'hôpital,*

5) Au milieu du second plan, deux hommes portent un malade étendu sur un brancard. Quatre pauvres femmes dont les deux premières marchent à côté l'une de l'autre, les suivent. Toutes ces figures dirigent leurs pas vers la porte d'un hôpital qui se fait reconnoître au milieu des restes d'un ancien bâtiment délabré qui est à la droite de l'estampe. Sur le devant à gauche une fille et un garçon assis à terre, ainsi qu'un homme debout, cou-

vert d'un manteau, ont leurs regards tournés vers les porteurs du brancard. Deux autres hommes debout, pareillement en manteaux, dont l'un est vu par le dos, parlent ensemble.

88. *Les voyageurs.*

6) Sur le devant à gauche une femme assise sur un âne, est accompagnée de deux hommes qui marchent à ses côtés, et dont l'un porte sur le dos un panier suspendu à un bâton. Passant près d'un paysan qui est pareillement assis sur un âne chargé, et qui avance vers le devant, les trois premières figures dirigent leurs pas vers le fond, dans un chemin garni à gauche de plusieurs arbres, plantés sur un terrain élevé et formant le bord d'une rivière qui de la droite prend son cours vers le milieu du fond. Cette rivière traversée par un pont de pierre, baigne une haute montagne entourée à son pied de bois et de petits rocs, et surmontée d'un château.

89. *Le bois bordé par un ruisseau.*

7) Le côté droit de ce morceau est occupé par un bois épais qui fuit dans le

fond à gauche, où l'on voit une montagne
dont le pied baigné par une large rivière,
est garni de beaucoup d'arbres, et de quelques fabriques. Le bois est bordé vers le
devant par une pièce d'eau qui avance
jusqu'au bas de l'estampe, dont elle occupe la moitié. Son bord à gauche forme
une élevation, au haut de laquelle est un
petit arbre entouré de quelques troncs
secs. Sur le devant de ce même côté, un
vieillard portant un paquet sur le dos,
marche de compagnie avec une paysanne qui a un panier au bras droit; leurs
pas sont dirigés vers le spectateur.

90. *Les blanchisseuses.*

8) On apperçoit dans le fond à droite
une petite maison entourée d'un mur, au
bas d'une montagne couverte de bois. Près
de cette maison serpente un ruisseau traversé sur le devant par un petit pont de
pierre, sur lequel un homme et une femme
marchent de compagnie. On voit dans le
ruisseau, entre le pont et une petite cascade, un paysan faisant abreuver un cheval,
deux femmes, dont une à genoux semble
laver du linge, et un homme debout sur

la cascade. Une seconde femme étendant
du linge à terre , est sur le bord de l'eau,
à la droite de l'estampe. La rive opposée
est richement garnie de grands arbres et
d'arbrisseaux. Ce paysage ouvert sur la
gauche , présente une contrée remplie de
défilés, et terminée par trois grandes montagnes dans le lointain.

91. *La grotte de la nymphe Égérie.*

9) Au milieu du devant de cette estampe
trois hommes et trois femmes assis à terre
de compagnie, sont à manger et à boire.
A quelque distance de ce groupe , un peu
vers la gauche, un homme debout, vu
par le dos , fait signe de son bâton à une
femme qui est à côté de lui , vers la statue de la nymphe Égérie, placée dans le
fond d'une voûte à demi-ruinée et généralement couverte de verdure , qui occupe
le deuxième plan de la gauche de l'estampe.
Dans le fond à droite , sur un chemin cotoyant une élévation de terre , six figures
s'avancent, en dansant, vers le lointain qui
offre la vue d'un pays garni de bois , et
terminé par des montagnes.

92. *La porte de ville.*

10) Au milieu de l'estampe, sur le second plan , est une porte de ville au bas d'un ancien grand bâtiment qui se compose principalement de deux tours carrées et crénelées. Un mur dont la partie du milieu est la plus haute, et entrecoupée par une porte et deux fenêtres, s'étend depuis la porte de ville jusqu'au devant de la droite, où elle renferme de très grands arbres qui atteignent presque le bord supérieur de la planche. Près de ce mur, deux hommes enveloppés de leurs manteaux regardent quatre jeunes garçons qui jouent à la boule. Vis-à-vis du mur est un verger enclos d'une haie qui s'étend depuis la porte jusqu'au devant de la gauche. Le long de cette haie, deux hommes couverts de manteaux marchent de compagnie vers la porte.

93. *Le pain distribué aux pauvres.*

11) Un ancien édifice ruiné, d'une vaste et riche construction, au milieu duquel s'élève une espèce de dôme dont la calotte est percée. A la porte de cet édifice deux religieux distribuent le pain à des pauvres, parmi lesquels on distingue deux

pélérins. D'autres mendians qui semblent
avoir déjà reçu leur part , sont assis à terre
en differens groupes , en face du batiment.
On voit sur le devant , vers la droite, un
homme couvert d'un manteau , qui s'a-
vance vers le spectateur. Sur la gauche
plusieurs morceaux de colonnes brisées
sont jettés en désordre.

94. *Le château au haut du rocher.*
12) Sur une hauteur, à la gauche de l'estampe , entre un rocher escarpé surmonté
d'un château , et un autre rocher au haut
duquel s'élève un bouquet de deux arbres,
un muletier fait marcher un mulet chargé ,
dans un chemin qui serpente vers la droite
dans le fond , en cotoyant une petite rivière qui s'étend jusqu'au milieu du devant. On voit sur ce même chemin, vers
le milieu de l'estampe , deux hommes qui
marchent de compagnie , dirigeant leurs
pas vers la gauche. L'un d'eux tient un
baton , l'autre porte un paquet sur le dos.
Le lointain à droite offre la vue d'un pays
rempli de collines et de parties de bois ,
à travers lesquels on apperçoit des fabriques.

95. *Mercure imposant silence à Battus.*

Presqu'au milieu du devant, Battus marchant vers la droite, tout près d'un boeuf,
retourne la tête du côté de Mercure qui
semble lui recommander sa promesse de
garder le silence sur le vol qu'il a fait des
chevaux d'Apollon. Ces animaux, au nombre de quatre, sont debout en différentes
attitudes à gauche, à l'ombre d'un bois.
Une rivière coule du milieu du fond vers
la droite du devant, où un tronc d'arbre
est couché près d'une souche. Dans la
marge du bas, à gauche, est écrit: *H.
swaneuelt fecit Rome*, et à droite: *J. Valdor excu. cum priuil. Regis.*

Largeur: 9 pouces, 6 lignes. Hauteur: 7 pouces, 2 lign.

96. *Battus transformé en pierre.*

Ce morceau fait le pendant du précédent. Au milieu du devant de l'estampe,
Battus appuyant sa main droite sur la
croupe d'un boeuf qui est devant lui,
et faisant signe de l'autre vers un bois
qui est à la droite de l'estampe, est mé-
tamorphosé en pierre par Mercure qui
le touche de son caducée. Dans le milieu du fond qui offre la vue d'un pays

montagneux, entrecoupé de quelques parties de bois, un ruisseau qui s'étend jusques sur le devant à gauche, coule au bas d'une colline ornée de trois groupes d'arbres séparés. La dimension de la planche, et l'inscription de la marge sont exactement conformes à celles du morceau précédent.

On a de ces deux morceaux des épreuves, où l'adresse de *J. Valdor* ne se trouve pas, et où l'on a ajouté à gauche les numéros 1 et 4, c'est-à-dire 1 à la pièce 96, et 4 à la pièce 95. Mais ces épreuves sont foibles et mauvaises.

97-100. LA FUITE EN EGYPTE, REPRÉSEN- TÉE DE QUATRE DIFFÉRENTES MANIÈRES.

Suite de quatre estampes.

Largeur : 10 pouces. Hauteur : 7 pouces, 9 lignes, la marge de 3 lignes y comprise.

97. *Première pièce.*

1) Sur la gauche de l'estampe est une colline escarpée, ornée de plusieurs grands arbres très touffus. Le long de cette colline, au milieu du devant, St. Joseph tenant un bâton de la main gauche, fait

marcher l'âne, sur lequel la Vierge est assise, enveloppée d'une large draperie, et portant l'enfant Jésus entre ses bras. Leurs pas sont dirigés vers la gauche du devant. Trois Chérubins, sur un léger nuage, les précédent, et semblent guider leurs pas. Le fond à droite offre la vue d'une haute montagne, garnie d'une plantation abondante. Dans la marge du bas, à gauche, est écrit: *Herman van Suanevelt Inventor fecit et excudit*, et à droite, *cum privilegio Regis*. Cette même inscription se trouve aussi sur les trois pièces suivantes.

98. *Seconde pièce.*

2) Ce morceau offre un site montueux où des rochers escarpés garnis de verdure, et des vallons enrichies d'arbres varient le paysage d'une manière très agréable. Au devant, vers la droite, s'élève un grand arbre sur un tertre baigné par une rivière qui coule du fond, où elle est traversée d'un pont de pierre. Sur le devant, vers la gauche, St. Joseph vu presque par le dos, aide la Vierge à descendre dessus l'âne qu'un ange tient par la tête, tandisqu'un autre ange adore à genoux le petit Jésus

assis à terre à quelque distance, vers le milieu de l'estampe.

99. *Troisième pièce.*

3) Sur le devant à gauche, au pied de plusieurs grands rochers escarpés et surmontés d'arbres et d'arbrisseaux, la sainte Vierge vue de face, est assise à terre, soutenant de la droite l'enfant Jésus, qui est placé sur ses genoux, et tenant de la gauche étendue le bout d'un linge. Derrière elle deux anges dont l'un de profil, l'autre de face, sont à genoux en adoration. Dans le milieu de l'estampe, sur le deuxième plan, St. Joseph vu par le dos, conduit l'âne qu'il fait descendre dans une rivière dont le bord opposé est garni d'arbres touffus.

100. *Quatrième pièce.*

4) Sur le devant à droite, au pied d'un très grand arbre, la Vierge est assise, vue de profil, dirigée vers la gauche, et ayant l'enfant Jésus sur ses genoux. Derrière elle deux anges sont en adoration. Au milieu de l'estampe l'âne broute près de St. Joseph qui se repose, ayant un livre à la main. Ces figures sont aux deux bords

d'un chemin qui conduit dans le fond à
gauche, longeant une montagne richement couverte d'arbres et d'arbrisseaux,
vis-à-vis de laquelle, dans le fond à gauche,
s'élève une autre montagne immense, ornée de fabriques à la moitié de sa hauteur.

Les épreuves où les mots : *cum privilegio regis,* que l'on a effacés après-coup,
ne se trouvent point, sont très mauvaises.

1o1 - 1o6. L'HISTOIRE D'ADONIS.

Suite de six estampes.

Largeur : 12 pouces, 2 à 3 lignes. Hauteur : 9 pouces, 3 lignes, la marge de 8 lignes y comprise.

1o1. *Naissance d'Adonis.*

1) Sur le devant à droite, Diane reçoit
entre ses bras le petit Adonis dont Myrrha
changée en Myrthe vient d'accoucher. Une
nymphe derrière elle semble lui rendre des
secours ; une autre, à genoux devant un panier, deploye un linge, et trois autres encore accourent, en marquant de l'empres-
sement par leurs gestes. La scène se passe
sur le bord d'un ruisseau, dans un pays
rempli de collines, et entrecoupé de différentes parties d'arbres. Au delà du ruis-

seau, sur la gauche de l'estampe, est un bois épais dans lequel on apperçoit une biche. Dans la marge du bas est écrit: *Adonis naist de Mira etc. Herman van Suanevelt fecit et Excudit Cum priuilegio Regis* 1654. Cette adresse est la même sur tous les six morceaux de cette suite.

102. *Vénus enlevant le jeune Adonis.*

2) Un bois éclairci, à travers duquel on voit, à la droite de l'estampe, une rivière regnant en largeur au pied d'une montagne garnie au bas de plusieurs arbres. Vers le devant de ce même côté Diane et ses nymphes dorment couchées sous l'ombre des arbres, en différentes attitudes. Sur le devant à gauche est Vénus, portant le petit Adonis qu'elle vient d'enlever à Diane pendant son sommeil. Elle est debout sur un petit char traîné par deux colombes. Dans la marge du bas est écrit: *Vénus trouuent Diane Endormye etc.*

103. *Vénus présentant à Diane l'Amour et le jeune Adonis.*

3) Sur le devant à droite, Vénus vue presque par le dos, présente à Diane l'A-

mour et le jeune Adonis qui sont debout
devant elle à côté l'un de l'autre, en lui
offrant de choisir un de ces deux enfans.
Diane en face de Vénus, au milieu de l'estampe, semble refuser l'offre qu'on vient
de lui faire; elle est armée d'une pique,
ainsi que neuf de ses nymphes qui la suivent. Ces figures se trouvent dans une
espèce de chemin creux dont les deux côtés sont couverts de bois. Le lointain,
au milieu de l'estampe, offre la vue d'une
chaîne de montagnes baignées par une
large rivière. On lit dans la marge du
bas: *Diane trouue Vénus, Vénus ne pouuant
eschapper etc.*

104. *Vénus exerçant Adonis à la petite
chasse.*

4) Sur la gauche de cette estampe est
un bois touffu; la droite présente la vue
d'un pays montagneux, traversé par une
rivière qui serpente entre des bords ornés d'arbrisseaux. Sur le devant de ce
même côté, Vénus accompagnée de l'A-
mour, qui décoche une flèche, semble exciter Adonis à la chasse de quelques liè-
vres que ses chiens sont sur le point d'at-

teindre. Il a une pique à la main , et sa course est dirigée vers la gauche de l'estampe. Dans la marge du bas est écrit: *Vénus exerse Adonis à chose de peu etc.*

105. *La mort d'Adonis.*

5) Au milieu du devant de l'estampe , Adonis est étendu mort près d'un grand arbre qui dépasse le bord supérieur de la planche , en se penchant vers la droite. A côté d'Adonis deux chiens de chasse montrent les dents au sanglier qui vient de donner la mort à leur maître , et qui s'éloigne vers la gauche , en menaçant encore sa victime. Le fond à gauche représente un rocher entouré de beaucoup d'arbres , et le lointain à droite est une rivière richement garnie de verdure. Dans la marge du bas est écrit : *Adonis Rencontre le sanglier et fut tué etc.*

206. *Vénus pleurant la mort d'Adonis.*

6) Sur la gauche de l'estampe , Vénus ayant ses deux bras élevés , temoigne la plus vive douleur. Elle se précipite de son char vers le corps étendu d'Adonis que le sanglier vient de tuer. L'Amour

en l'air marque son affliction en brisant
son arc, et jettant ses flèches. Près du
corps sont deux chiens de chasse dont
l'un se repose, l'autre semble flairer son
maître. Le paysage, qui représente un
large ruisseau, à la lisière d'un bois qui
est à gauche, s'ouvre vers la droite, où
il offre la vue d'un lointain montueux.
Dans la marge du bas est écrit: *Vénus
pleure son Adonis etc.*

Ces six planches sont numérotées au
milieu de la marge.

107 - 110, LES PÉNITENS.
Suite de quatre estampes.

Largeur: 12 pouces. Hauteur: 8 pouces, 8 à 10 lignes.
Sur chacune est écrit dans la marge du bas, à gauche : *Herman van Suanevelt Inventor fecit et excudit* , et à
droite : *cum privilegio Regis.*

107. *La Madeleine en pénitence.*
1) A la gauche de cette estampe s'é-
lève une chaîne de rochers garnis d'arbres
et d'arbrisseaux. Vers le devant la Madeleine couchée sur une natte à l'entrée
d'une grotte, lit dans un livre. Au dessus d'elle sont à genoux, sur un petit

nuage, deux anges dont l'un joue de la harpe, l'autre du violon. Au devant, à droite, est un arbre presque sec à deux troncs dont l'un a été coupé au bas, l'autre à sa tige. Le lointain qui s'ouvre de ce côté, offre la vue d'une large rivière regnant le long d'un chaîne de rochers. Sur le deuxième plan, le bord de l'eau est couvert de bois.

108. *Saint Antoine l'ermite.*

2) Ce morceau représente un bois épais, au milieu duquel un ruisseau serpente du fond jusqu'à la droite du devant de l'estampe. Sur le bord de ce ruisseau, vers le milieu de la planche, St. Antoine debout, tenant un bâton de la main gauche, semble indiquer par un geste de sa main droite, qu'il rejette les fruits que lui présente le démon sous la forme d'un Satyre. Derrière le Saint est son cochon.

109. *St. Jerôme dans le désert.*

3) Sur le devant de l'estampe ce Saint est assis devant une grande pierre carrée qui lui sert de table. Il a la tête appuyée sur sa main gauche, et paroit méditer sur

ce qu'il va écrire dans un livre qui est ouvert devant lui. A quelque distance, vers la droite, une croix est plantée en terre, près de l'entrée d'une grotte, au bas d'une haute montagne qui occupe tout le côté droit de l'estampe. On voit au milieu du haut de cette montagne, qui est ornée de quelques arbres, deux lions qui se rencontrent et qui paroissent rugir. Le côté gauche de l'estampe présente la vue d'un pays montagneux garni de parties de bois.

110. *St. Paul, premier ermite, et St. Antoine.*

4) Sur le devant à gauche, au dessous d'une espèce d'avant-toit, à l'entrée d'une grotte, St. Paul, premier ermite, vu presque par le dos, est assis vis-à-vis de St. Antoine reconnoissable à son cochon qui est couché à côté de lui. Il y a entre ces deux Saints une grande pierre carrée, en forme de table, sur laquelle est une tête de mort et un livre ouvert. La grotte est au pied d'un rocher surmonté de grands arbres, et contigu à une chaîne de montagnes qui fuient dans le milieu du lointain, d'où un ruisseau faisant une

cascade, coule jusqu'à la droite du devant, le long d'une autre montagne qui s'élève de ce côté, et dont le sommet est orné de plusieurs arbres. On voit dans l'air un grand oiseau portant dans son bec un pain qu'il apporte à St. Paul.

111. *Balaam.*

Sur le devant à gauche, dans un sentier, entre deux petits tertres dont celui près du bord de la planche est surmonté de deux arbres, l'ange du Seigneur tirant une épée, s'oppose à Balaam monté sur une ânesse. Le côté droit de ce morceau offre la vue d'une rivière qui coule du milieu du fond vers la droite de l'estampe, au sein d'un pays rempli de petites collines dont quelques unes sont ornées de verdure. Sur le devant à droite est une souche au bord de l'eau. Le fond de ce même côté n'est point terminé.

Largeur : 11 pouces, 6 lignes. Hauteur : 8 pouces, 6 lign.

On a deux épreuves différentes de ce morceau. Dans les premières est écrit au haut de la droite : *H. Swaneuelt Fecit Rom. K. Audran excudit.* Dans les secondes, le nom de *K. Audran* est effacé, et on lit dans la marge du bas : *A Paris chez Pierre Mariette Rue St. Jacques à l'espérance. Auec Priuil. du Roy.*

ı ı2 - ı ı5. QUATRE PAYSAGES EN HAUTEUR.

On lit sur chacun de ces morceaux, dans la marge du bas, à gauche : *Herman van Suanevelt Inventor fecit et excudit.* Et à droite : *cum privilegio Regis.*

Les épreuves postérieures qui sont assez foibles, portent cette adresse : *H. Bonnart, ex au coq.*

Plus usées encore et retouchées par une main peu habile, sont celles où le nom de *Bonnart* est effacé, mais dont cependant on distingue encore les traces.

ı ı2. *L'ânier.*

ı) Ce morceau représente un chemin le long d'une montagne qui est à gauche, et qui s'étend jusqu'au milieu du fond, en descendant. On voit sur ce chemin un homme monté sur un âne, tandisqu'il en fait marcher un autre devant lui. Les deux animaux sont chargés de quelques sacs de froment, et dirigent leurs pas vers la droite. Le devant à gauche est formé par une colline ornée de trois grands arbres, au milieu desquels un homme vu par le dos, est assis à terre, à côté d'une femme et d'une autre figure dont on ne distingue que la tête. On voit quelques fabriques entourées d'arbres au pied de la montagne, dans le milieu du fond, et vis-à-vis, vers la droite de l'estampe, est un berger avec un troupeau de moutons. Le lointain de ce côté présente une rivière au bas d'une montagne.

113. *La montagne,*

2) Sur le côté droit de ce morceau une haute montagne escarpée s'élève jusques vers le bord supérieur de la planche. Elle est couverte d'arbres et d'arbrisseaux, à travers lesquels on apperçoit un homme faisant marcher un âne sur un chemin pratiqué à la demi-hauteur de la montagne, et descendant vers le fond. Le bas de cette montagne est baigné par un ruisseau qui forme une petite cascade au devant, à droite. Sur le même plan, à gauche, un homme appuyé de ses deux mains sur son baton, en écoute un autre qui tient aussi

un bâton de la main droite , et fait signe
de sa gauche vers la montagne.

114. *La grande cascade.*

3) Sur un chemin , au haut d'une colline qui forme le devant à gauche, un
jeune paysan marche à côté d'une jeune
femme qui porte un panier au bras droit.
Leurs pas sont dirigés vers la gauche, en
avant. A quelque distance, un paysan vu
par le dos et portant un paquet sous le
bras, s'éloigne sur ce même chemin qui
va, en descendant, vers la droite où deux
hommes en suivent un autre qui fait marcher devant lui son âne chargé de quelques sacs de froment. Le fond de ce côté
présente la vue d'une haute montagne escarpée, avec une chûte d'eau qui se précipite de son sommet; et le lointain à
gauche offre la vue d'une chaîne de montagnes.

115. *Le bouquet d'arbres.*

4) Sur la droite de ce morceau, au
pied d'une montagne, s'élève un petit rocher, dont la pointe est ornée d'un bouquet de trois arbres qui occupent le milieu de la planche , et en dépassent le bord

supérieur. Au bas ce de rocher, tout près du bord droit de l'estampe, sont assis à terre deux hommes, dont chacun tient une planche sur laquelle ils semblent dessiner. Sur le devant, un voyageur, un genou en terre, boit dans son chapeau l'eau qu'il vient de puiser dans un bassin qui remplit le coin de la droite. A gauche, un homme parle à un autre qui est vis-à-vis de lui, vu par le dos. Chacun d'eux est couvert d'un manteau court. On voit dans le fond de ce côté deux hommes, qui font marcher devant eux un mulet chargé vers la gauche de l'estampe. Le lointain offre la vue d'une large rivière coulant au bas de quelques montagnes.

116. *Le chevrier au bord du ruisseau.*
Au milieu du devant, huit chèvres paissent sur le bord droit d'un ruisseau qui, à la gauche de l'estampe, serpente dans le lointain, et dont le bord opposé est garni d'arbres et d'arbrisseaux. A la gauche du devant, le chevrier assis à terre, parle, le bras droit élevé, à un homme qui est debout devant lui, tenant un long bâton. A droite, une femme vue par le dos, et

portant un paquet sur sa tête, marche vers l'escalier extérieur d'une maison, devant laquelle, vers le milieu de l'estampe, est un arbre fort touffu. Ce morceau légèrement gravé à l'eau-forte, est sans travail de burin ni de pointe sèche. Il est très rare.

Largeur : 6 pouces , 1 ligne. Hauteur : 3 pouces, 3 lignes, y compris la marge de 3 lignes.

DEUX ESTAMPES FAUSSEMENT ATTRI-BUÉES À H. SWANEVELT.

1) On voit au milieu de cette estampe un grand sarcophage antique, dont les côtés sont ornés de figures sculptées en bas relief. Il est placé sur un socle composé de pierres carrées. A un des côtés de ce monument, vers la gauche de l'estampe, s'élève un arbre, au bas duquel un homme vu par le dos est assis sur une pierre. De l'autre côté du sarcophage, vers la droite, sont debout trois hommes qui le regardent. Deux paysans, dont un porte un paquet sur le dos, marchent de compagnie sur la droite de l'estampe, en se dirigeant vers les trois hommes dont on

vient de parler. Au dessous du monument
on voit sortir deux figures d'une espèce
de caverne dont l'ouverture est pratiquée
dans la pente du terrain, sur lequel le monument est erigé. Au devant de la droite
s'élève un grand arbre; la souche d'un autre se voit à la gauche. Dans la marge du
bas, à droite, est écrit: *H. Swaneuelt inu.
et sculp.*, et dans le milieu: *se vendent à
Paris chez Pierre Mariette etc.*

2) Au milieu du devant de ce paysage
sont deux pêcheurs vus par le dos sur le
bord d'une rivière qui s'étend jusques sur
le devant à droite. Au delà de cette rivière s'élève une montagne escarpée qui
se prolonge de la droite jusqu'au milieu
du fond de l'estampe, où elle est ornée
de quelques fabriques. On voit beaucoup
d'arbres à son sommet et à son pied. Sur
le devant à gauche est un homme à côté
d'une jeune femme qui porte un panier
au bras. Ces deux figures qui dirigent
leurs pas vers le spectateur, passent près
de deux grands arbres qui s'élèvent entre une souche et un quartier de rocher.
La marge du bas porte la même inscrip-

tion que l'on a vue sur le morceau précédent.

Ces deux estampes n'ont pas été gravées par Swanevelt, mais bien par *Goyrand*. La part que notre artiste y a, consiste seulement en ce qu'elles ont été exécutées sur ses dessins.

Largeur : 9 pouces. Hauteur : 5 pouces, non compris la marge qui a 9 lignes.

TABLE

DES ESTAMPES

DE HERMAN SWANEVELT.

NOMS

DES ARTISTES

DONT LES OEUVRES SONT CONTENUS

DANS CE VOLUME.

ADDITIONS AU SECOND VOLUME DU PEINTRE GRAVEUR.

ALDERT VAN EVERDINGEN.

Entre les numéros 29 et 30, insérez :

29. a. *Le troupeau de moutons.*

Sur le devant à droite, un berger fait marcher un troupeau de moutons dans un défilé entre deux rochers, dont celui à droite est surmonté de pins, l'opposé, à gauche, d'un autre arbre. On remarque dans le fond de ce même côté une église avec un petit clocher, entourée d'arbres. Le côté gauche de l'estampe présente un lointain qui offre la vue d'une large rivière, dont le bord opposé forme une chaîne de montagnes qui fuient à droite. Une de ces montagnes est surmontée de fabriques. Les lettres A V E sont gravées vers la gauche du devant.

Largeur : 4 pouces, 8 lignes. Hauteur : 3 pouces, 8 lignes.

102. *La cascade près du moulin à eau*

On a de ce morceau une première

II

épreuve où le tronc d'arbre, et le coin
du bas , à la droite de l'estampe, ne
sont pas couverts d'ombres.

ERRATA DU SECOND VOLUME.

Page.	Ligne.	Au lieu de	Lisez ;
166	17	11 - 14	11 - 16.
190	20	65. L'inscription	55. L'inscription.
239	6	97. Branche etc.	79. Branche etc.
249	19	cent quatorze	cent seize.